U0631011

荀　子

XUNZI

〔战国〕荀　况 ◎ 著

光明日报出版社

图书在版编目（CIP）数据

荀子 /（战国）荀况著 . -- 北京：光明日报出版社，
2014.6（2024.3 重印）
（光明岛）
ISBN 978-7-5112-6322-3

Ⅰ . ①荀… Ⅱ . ①荀… Ⅲ . ①儒家 Ⅳ . ① B222.61

中国版本图书馆 CIP 数据核字（2014）第 069514 号

荀子
XUNZI

著　者：〔战国〕荀　况

责任编辑：秦艳丽　　　　　　　　责任校对：王腾达
封面设计：博文斯创　　　　　　　责任印制：曹　净

出版发行：光明日报出版社
地　　址：北京市西城区永安路 106 号，100050
电　　话：010-67022197（咨询），67078870（发行），67019571（邮购）
传　　真：010-67078227，67078255
网　　址：http://book.gmw.cn
E - mail：lijuan@gmw.cn
法律顾问：北京德恒律师事务所龚柳方律师

印　　刷：北京一鑫印务有限责任公司
装　　订：北京一鑫印务有限责任公司
本书如有破损、缺页、装订错误，请与本社联系调换，电话：010-67019571

开　　本：150mm×220mm　　　　　印　　张：12
字　　数：150 千字
版　　次：2014 年 6 月第 1 版
印　　次：2024 年 3 月第 4 次印刷
书　　号：ISBN 978-7-5112-6322-3

定　　价：29.80 元

版权所有　翻印必究

目　录

劝学

　　君子曰：学不可以已。青，取之于蓝而青于蓝①；冰，水为之而寒于水。木直中绳，輮以为轮②，其曲中规，虽有槁暴③，不复挺者，輮使之然也。故木受绳则直，金就砺则利，君子博学而日参省乎己④，则知明而行无过矣。故不登高山，不知天之高也；不临深谿，不知地之厚也；不闻先王之遗言，不知学问之大也。干、越、夷、貉之子⑤，生而同声，长而异俗，教使之然也。《诗》曰："嗟尔君子，无恒安息。靖共尔位，好是正直。神之听之，介尔景福。"⑥神莫大于化道，福莫长于无祸。

【注释】

① 蓝：指蓼（liǎo）蓝草，叶子可以做蓝色染料。

② 輮（róu）：通"煣"，使微火熏烤木料，使直木弯曲。

③ 槁（gǎo）：通"熇"，烤。暴：通"曝"，晒。

④ 参：验，检查。省（xǐng）：反省，省察。

⑤ 干、越：都是春秋时的国名，干国较小，为吴国所灭。这里指吴越地区。夷、貉（mó）：分别指我国古代居住在东部和北部的少数民族，这里指住在不同地区的民族。

⑥ 靖：安。共（gōng）：通"恭"，恭敬地。听：察、了解。介：帮助。景：大。

【译文】

　　君子说：学习是不能停止的。靛青是由蓼蓝草提炼出来的，但比蓼蓝草还青；冰是由水凝结而成的，但比水更寒冷。木材笔直，合乎绳墨的要求，而它经过烘烤，被弄曲做成车轮，其曲度也能合乎圆规的要求，即使再经过暴晒，也不能使它伸直了，这是因为它已经被烘烤加工过了。

所以木材被打上墨线，经过加工后才能变直，刀剑经过磨刀石的磨砺才会变得锋利，君子广博地学习而又每天考察反省自己，才能智慧明达，而且行为也不会犯错了。所以不亲自登上高山，就不知道天有多高远；不亲临深渊，就不知道大地有多厚实；没有听闻过上古圣王的遗教，就不知道知识能渊博到什么程度。干国、越国、夷族、貉族的孩子，刚生下来时哭声相同，长大后习俗却不一样，这就是后天的教育使他们这样的。《诗经》里说："你们这些君子啊，不要总是贪恋安逸的生活。要安心地对待你们的本职，要爱好正直之道。神明会知道这一切，会帮助你们得到更大的幸福。"没有什么精神境界能比与道融合更高尚了，没有什么幸福能比无灾无祸更长久了。

　　吾尝终日而思矣，不如须臾之所学也；吾尝跂而望矣①，不如登高之博见也。登高而招，臂非加长也，而见者远；顺风而呼，声非加疾也，而闻者彰。假舆马者，非利足也，而致千里；假舟楫者②，非能水也，而绝江河③。君子生非异也④，善假于物也。南方有鸟焉，名曰蒙鸠⑤，以羽为巢而编之以发，系之苇苕⑥，风至苕折，卵破子死。巢非不完也，所系者然也。西方有木焉，名曰射干⑦，茎长四寸，生于高山之上，而临百仞之渊，木茎非能长也，所立者然也。蓬生麻中，不扶而直⑧。白沙在涅，与之俱黑。兰槐之根是为芷⑨，其渐之滫⑩，君子不近，庶人不服，其质非不美也，所渐者然也。故君子居必择乡，游必就士，所以防邪僻而近中正也。

【注释】

①跂（qǐ）：踮起脚跟站着。

②假：凭借。楫（jí）：船桨。这里的"舟楫"是偏义复词，单指船。

③绝：横渡。

④生：通"性"，资质，禀赋。

⑤蒙鸠：即鹪鹩（jiāo liáo），一种羽毛赤褐色的小鸟，又名"巧妇鸟"，主要生活在灌木丛中。

⑥ 苇苕(tiáo):芦苇的花穗。

⑦ 射干:一种草药名,也叫"乌扇"。

⑧ 蓬:一种草,秋天干枯后,随风飘飞,故又称飞蓬。

⑨ 兰槐:即"白芷"(zhǐ),一种香草,开白花,根有香气,可入药。古人称其苗为"兰",其根为"芷"。

⑩ 渐:浸泡,泡渍。滫(xiǔ):淘米水,泔水。

【译文】

我曾经一天到晚冥思苦想,却不如片刻的学习收获更大;我曾经踮起脚跟眺望远方,却不如登上高处看得更宽广。登上高处招手,手臂并没有变长,但人在远处也能看见;顺着风呼唤,声音没有变得更洪亮,但人可以听得更清楚。乘着车马远行的人,并不一定脚步有多快,却能到达千里之外的地方;驾着船渡河的人,并不一定善于游泳,却能横渡大江大河。君子的本性与普通人没有什么区别,只不过是善于利用外物罢了。南方那里有一种叫作蒙鸠的鸟,它用羽毛筑巢,还能用毛发将巢编织起来,系在芦苇的花穗上。结果一阵风吹来,花穗折断,蛋破鸟亡。这不是因为它的巢不够好,而是巢所在的地方使它这样。西方那里有一种名字叫作射干的草,茎长只有四寸,生在高山上面,就能俯临百丈深渊,并非它的茎能长得那样高,而是它所生长的高山使它这样。蓬草生长在麻中,不需要人扶持就能自然挺直;白沙和黑土掺杂在一起,就和黑土一样黑了。兰槐的根就是芷,(可以做香草,本来是众人喜爱的东西)但把它浸泡在泔水里,君子就不去接近它,百姓也不会佩戴它,这不是因为它的本质不好,而是被泡在泔水中的缘故。所以君子居住时必定要选择好的乡里,出游则必定要结交贤士,这是为了防止受到邪恶的人的影响,而接近中正之道。

物类之起,必有所始。荣辱之来,必象其德。肉腐出虫,鱼枯生蠹①。怠慢忘身,祸灾乃作。强自取柱②,柔自取束。邪秽在身,怨之所构。施薪若一,火就燥也;平地若一,水就湿也。草木畴生③,禽兽群焉,物各从其类也。是故质的张而弓矢至焉④,林木茂而斧斤至焉,树成阴而众鸟息焉,醯酸而蚋聚焉⑤。故言有召祸也,行有招辱也，君子慎其所立乎！

【注释】

① 蠹（dù）：蛀虫，咬器物的虫子。

② 柱：通"祝"，折断。一说"柱"指被当作柱子。

③ 畴：通"俦"，同类。

④ 质：古时的一种箭靶。的（dì）：指箭靶的中心。

⑤ 醯（xī）：醋。蜹（ruì）：即"蚋"，一种蚊虫，黑色，吸食人畜血液。

【译文】

每一类事物的兴起，都必然有它的原因。荣誉或耻辱的到来，必定与一个人的品德优劣相一致。肉腐烂了才会生蛆，鱼干枯了才会生虫。一个人懈怠散漫而忘乎所以，灾祸就该发生了。太刚强的东西容易被折断，而太柔弱的东西又容易受约束。邪恶和肮脏的品质集于一身，就会招致别人的怨恨。柴草堆放在一起，看上去一样，但火总是向柴草比较干的地方烧去；地面平整得好像没有高低的不同，水却总是会向潮湿低洼的地方流去。草木成丛生长，禽兽成群生活，世间万物总是和它们的同类生活在一起。所以靶子摆放在那里，弓箭才会射向那里；林木繁茂，才会招来人带着斧头砍伐；树木成荫，群鸟才栖居其上；醋酸了，蚊蚋就聚生其中。所以言语有时会招来祸害，行为有时会引来耻辱，君子一定要慎重地对待自己言行的立足点啊！

　　积土成山，风雨兴焉；积水成渊，蛟龙生焉；积善成德，而神明自得，圣心备焉。故不积跬步①，无以至千里；不积小流，无以成江海。骐骥一跃②，不能十步；驽马十驾③，功在不舍。锲而舍之，朽木不折；锲而不舍，金石可镂。蚓无爪牙之利④，筋骨之强，上食埃土，下饮黄泉，用心一也；蟹六跪而二螯⑤，非蛇蟮之穴无可寄托者⑥，用心躁也。是故无冥冥之志者⑦，无昭昭之明⑧；无惛惛之事者，无赫赫之功。行衢道者不至⑨，事两君者不容。目不能两视而明，耳不能两听而聪。螣蛇无足而飞⑩，鼫鼠五技而穷⑪。《诗曰:"尸鸠在桑,其子七兮。淑人君子,其仪一兮。其仪一兮,心如结兮。"⑫故君子结于一也。

【注释】

① 跬(kuǐ):半步,即一只脚迈出去的距离,相当于今天的一步。

② 骐骥:传说中能日行千里的骏马。

③ 驽(nú):劣马。驾:一天能行的路程。

④ 螾(yǐn):即"蚓",蚯蚓。

⑤ 六:清代卢文弨说认为当作"八"。跪:足、脚。螯:螃蟹身前的大爪,如同钳子。

⑥ 蟺(shàn):通"鳝",即鳝鱼。

⑦ 冥冥:昏暗不明,这里形容专心致志、埋头苦干。与下文"惛惛"(hūn)意同。

⑧ 昭昭:显著的样子。

⑨ 衢(qú)道:即歧路。

⑩ 螣(téng)蛇:古时传说中一种会飞的蛇。

⑪ 鼫(shí)鼠五技:传说鼫鼠所会的五种技能,古人认为它能飞但不能上屋,能爬树但爬不上树顶,能游泳但不能渡过山涧,能挖洞但不能藏身,能跑但不能跑过别的动物。

⑫ 尸鸠:即布谷鸟。

【译文】

泥土堆积起来成为高山,风雨就会从那里兴起;水流汇积起来成为深渊,蛟龙就会从那里生长;不断地做善事而养成高尚的品德,就会有很高的智慧,具备圣人的精神境界。所以不一步一步积累,就不能到达千里远的地方;不积聚细小的水流,就不能汇成江海那样广阔的水域。即使是千里马跑得再快,一跃也超不过十步远;而劣马跑上十天也能到达千里远的地方,它的成功的原因在于不放弃。用刀子雕刻东西,如果一会儿就停下来,即便是朽木也不能刻断;而如果不停地刻下去,那么即便是金石也能被刻透。蚯蚓没有锋利的爪牙和强健的筋骨,但是在上能吃

劝学

到泥土,在下能喝到地里的甘泉,就是因为它用心专一的缘故。螃蟹有八只脚和两只大螯,可是如果没有蛇或鳝鱼的洞穴就没有地方藏身,就是因为它心浮气躁的缘故。所以没有刻苦钻研、专心致志的精神,在学习上就不会有显著的成就;没有坚定不移、埋头苦干的行为,就不会取得显赫的功绩。彷徨于歧路的人不能到达目的地,同时侍奉两个君主的人不会被任何一方容纳。一个人的眼睛不能同时看两种东西而又都看得明白,一个人的耳朵不能同时听两种声音而又都听得清楚。螣蛇虽然没有脚却能飞行,鼫鼠即使有五种技能却还是陷于困境无能为力。《诗经》中说:"布谷鸟住在桑树上,一心一意地抚养七只幼鸟。那些善良的君子啊,你们的行为要始终如一。行为始终如一,意志才能坚定不移。"因此君子总是集中注意力在一点上。

昔者瓠巴鼓瑟而流鱼出听①,伯牙鼓琴而六马仰秣②。故声无小而不闻,行无隐而不形;玉在山而草木润,渊生珠而崖不枯。为善不积邪,安有不闻者乎?

【注释】
① 瓠(hù)巴:传说中古代善于弹瑟的人。流:清代卢文弨认为当作"沈"字,"沈"通"沉"。
② 伯牙:即俞伯牙,也是传说中古代善于弹琴的人。六马:古代天子要用六匹马驾车,此处泛指拉车之马。秣(mò):牲口的饲料。

【译文】
古代瓠巴弹瑟,水底的鱼儿也会浮到水面来倾听,伯牙鼓琴,拉车的马儿都会停止吃草仰头来听。所以声音即使再细小也不会不被听见,行动即使再隐蔽也不会不被发现;山中藏有宝玉,山上的草木就会显得滋润而有光泽;深渊里生出珍珠,四周的崖岸就不会干枯。如果一个人坚持积累善行而不做奸邪的事,哪有不被人知道的呢?

学恶乎始?恶乎终?曰:其数则始乎诵经①,终乎读礼;其义则始乎为士,终乎为圣人。真积力久则入,学至乎没而后止也②。故学数有终,若其义则不可须臾舍也。为之,人也;舍之,禽兽也。故《书》者,政事之纪也;《诗》者,中声之所止也;《礼》者,法之大分、类之纲纪也③。故学至乎《礼》而止矣。夫是之谓道德之极。《礼》之敬文也,《乐》之中和也,《诗》《书》之博也,《春秋》之微也,在天地之间者毕矣。

【注释】

① 数:(学习的)顺序。

② 没:通"殁(mò)",即死。

③ 类:以法类推的条例。

【译文】

做学问要从哪里开始? 又要到哪里结束呢? 我的回答是:学习的顺序,应当是从诵读《诗》《书》等经书开始,到研读《礼》等典籍结束;学习的意义,应当是从做士开始,到成为圣人结束。学习如果能日积月累、坚持不懈,就能深入下去,学习要一直到死然后才能停止。所以从学习的顺序来说,诵读经书是有终点的,但学习的意义,即成为圣人的追求则一刻也不能停止。能这样做的,就是人;不能这样做的,就如同禽兽。《尚书》是古代政治事迹的记录;《诗》是中和之音的极致;《礼》是法律的根本、各种条例的纲领。所以学到《礼》才是学习的终止。这就叫作道德的终极。《礼》的敬重礼节仪式,《乐》的和谐中正,《诗》《书》的广博渊深,《春秋》的微妙道理,这些典籍把天地间的一切道理都寓于其中了。

君子之学也,入乎耳,箸乎心①,布乎四体,形乎动静,端而言②,蝡而动③,一可以为法则。小人之学也,入乎耳,出乎口。口耳之间则四寸耳,曷足以美七尺之躯哉! 古之学者为己,今之学者为人。君子之学也,以美其身;小人之学也,以为禽犊④。故不问而告谓之傲⑤,问一而告二谓之囋⑥。傲,非也;囋,非也。君子如向矣⑦。

【注释】

① 著：通"著"，明。

② 端：通"喘"，小声说话，指细微之言。

③ 蝡：通"蠕"，慢慢行动的样子，指细微之行。

④ 禽犊：家禽和小牛，古时常常当作礼物互相馈赠。

⑤ 傲：急躁。

⑥ 嚌（zàn）：啰唆，唠叨。

⑦ 向：通"响"，回声。

【译文】

君子对于学习，听在耳里，记在心中，灌注于周身四肢，表现在一举一动上，即使是极细小的一言一行，都可以作为别人仿效学习的榜样。小人对于学习，听在耳里，说在嘴上。嘴和耳朵之间距离不过才四寸罢了，怎能使这七尺之躯变得更完美呢？古时候的学者，学习是为了自己变得完善；现在的学者，学习是为了给别人看。君子学习，是为了使自己的身心更完善；小人学习，是为了把学问当成礼物，用来取悦别人。所以如果别人没有问，你就告诉人家，这就叫作急躁；别人问一个问题，你却告诉人家两个问题的答案，这就叫作啰唆。急躁，是不对的；啰唆，也是不对的。君子的回答应像回声一样，问什么就答什么。

学莫便乎近其人。《礼》《乐》法而不说，《诗》《书》故而不切，《春秋》约而不速。方其人之习君子之说①，则尊以遍矣②，周于世矣。故曰：学莫便乎近其人。学之经莫速乎好其人③，隆礼次之。上不能好其人，下不能隆礼，安特将学杂识志④，顺《诗》《书》而已耳，则末世穷年，不免为陋儒而已。将原先王，本仁义，则礼正其经纬蹊径也⑤。若挈裘领，诎五指而顿之⑥，顺者不可胜数也。不道礼宪，以《诗》《书》为之，譬之犹以指测河也，以戈舂黍也，以锥飡壶也⑦，不可以得之矣。故隆礼，虽未明，法士也；不隆礼，虽察辩，散儒也。问楛者勿告也⑧，告楛者勿问也，说楛者勿听也，有争气者勿与辩也。故必由其道至，然后接之，非其道则避之。故礼恭而后可与言

荀子

8

道之方,辞顺而后可与言道之理,色从而后可与言道之致。故未可与言而言谓之傲,可与言而不言谓之隐,不观气色而言谓之瞽。故君子不傲,不隐,不瞽,谨顺其身。《诗》曰:"匪交匪舒,天子所予。"⑨此之谓也。

【注释】

① 方:通"仿",效仿。

② 以:而,表递进。

③ 经:通"径",道路,途径。

④ 安:犹"则",表转折。特:只,仅仅。识:王引之认为,根据文义此处当为衍文。

⑤ 蹊径:道路。

⑥ 诎(qū):通"屈",弯曲。顿:抖搂。

⑦ 飧:通"餐",吃。壶:古人盛食物的器具,这里指食品。

⑧ 楛(kǔ):粗劣,这里指不合礼法。

⑨ 匪:通"非",不。交:通"绞",指急迫。

【译文】

做学问没有比亲近良友贤师更方便快捷的了。《礼》《乐》规定了一定的法度规则,却没有详加解释说明;《诗》《书》记载的都是过去的事情,却不切合当下的实际;《春秋》用词简略、意义隐约,却不易被人快速理解。效仿良友贤师聆听学习君子的学说,就能养成崇高的品德,具备广博的知识,进而洞明世事。所以说:做学问没有比亲近良友贤师更方便的了。做学问的途径没有比喜欢良友贤师更收效迅速的了,其次是尊崇礼义。上不能爱好良友贤师,下不能尊崇礼义,而只是学些百家杂说,通读《诗》《书》的文字罢了,那么终其一生,也只能做一个浅陋的腐儒而已。要想推原先王的意旨,探求仁义的本源,那么学习礼义正是这样一条便捷的道路。这就好像提起皮袍的领子,弯曲五指来抖搂,就有无数的裘毛顺过来了。如果不遵从礼法,而依《诗》《书》的文字来行事处世,这就像用手指来测量河水,用戈矛舂黄米,把锥子当作筷子吃饭一样,是

9

不可能达到预期目的的。所以，一个人如果能尊崇礼义，即使他不十分明晰其意义，也不失为一个礼义之士；一个人如果不尊崇礼义，即使他明察善辩，也只能算是一个不遵守礼义的儒生。如果有人问不合礼法的事，不必告诉他；如果有人告诉你不合礼法的事，不要去问他；有人说到不合礼法的事，不必去听；有争强斗气的人不要去跟他辩论。所以，必须是按照礼义的标准来访的人，才接待他，不合乎礼义的标准就回避他。所以来人态度恭谨有礼，然后才可以与他谈论大道的方向，言辞和顺通达，然后才可以与他谈论大道的道理，态度顺从谦逊，然后才可以与他谈论大道的深奥含义。所以对不能与他谈论道的人却谈了，这叫作急躁；对应该同他谈论道的人却没有谈，这叫作隐瞒；不看对方脸色就谈论道，这叫作盲目。所以君子应该不急躁，不隐瞒，也不盲目，恭谨顺从地视对方的情况来行事。《诗经》中说的："不要急躁也不要懈怠，这是天子所赞许的行为。"说的就是这个意思。

百发失一，不足谓善射；千里跬步不至，不足谓善御；伦类不通，仁义不一，不足谓善学。学也者，固学一之也。一出焉，一入焉，涂巷之人也①。其善者少，不善者多，桀、纣、盗跖也②。全之尽之，然后学者也。君子知夫不全不粹之不足以为美也，故诵数以贯之，思索以通之，为其人以处之，除其害者以持养之，使目非是无欲见也，使耳非是无欲闻也，使口非是无欲言也，使心非是无欲虑也。及至其致好之也，目好之五色③，耳好之五声，口好之五味，心利之有天下。是故权利不能倾也，群众不能移也，天下不能荡也。生乎由是，死乎由是，夫是之谓德操。德操然后能定，能定然后能应，能定能应，夫是之谓成人。天见其明④，地见其光⑤，君子贵其全也。

【注释】

①涂：通"途"，道路。

②桀、纣：分别是夏朝和商朝的最后一位君主，皆因荒淫残暴而亡国。跖（zhí）：相传是春秋末年的一个大盗。

③ 之：于，以下三"之"皆同，表对象。

④ 见(xiàn)：通"现"，表现、显现。

⑤ 光：通"广"，广大。

【译文】

一个人射出一百支箭，即便有一次没有射中，也不能说他善于射箭；一个人赶着车马走了一千里路，只差半步没有赶到，也不能说他善于驾车；一个人对于礼法不能融会贯通、触类旁通，对待仁义不能始终如一、保持不变，也不能说他善于学习。对待学习这件事，本来就应该一心一意、一以贯之。一会儿不学习，一会儿又学习，这样对待学习的不过是普通人。好的行为少，坏的行为多，这便是桀、纣、盗跖一类的坏人。全面地掌握学善，又尽力去实践，这样做之后才称得上是一个好的学者。君子知道学习不全面、知识不纯粹，就不能算作完美，所以反复诵读经典以求贯通文字，用心思考以求领会深意，设身处地地去理解它，除掉有害大道的东西来保养它，使眼睛不去看与大道无关的，使耳朵不去听与大道无关的，使嘴巴不去说与大道无关的，使内心不去考虑与大道无关的。等到了极其爱好大道的时候，耳不好五声，所好远远超过五声；眼不好五色，所好远远超过五色；口不好五味，所好远远超过五味；心中所好，则远远超过拥有天下。所以权柄和利益不能使他屈服，众人不能使他改变，天下不能使他动摇。他活着的时候是这样，到死时也还是这样，这就叫作好的道德操行。有了道德操行然后才能内心安然坚定，内心安然坚定然后才能随机应变，能够内心安然坚定，又能随机应变，这才称得上是完美的人。天空贵在显现出它的光明，大地贵在显现出它的广阔，君子贵在德行的完美无缺。

修身

　　见善，修然必以自存也①；见不善，愀然必以自省也②。善在身，介然必以自好也③；不善在身，菑然必以自恶也④。故非我而当者，吾师也；是我而当者，吾友也；谄谀我者，吾贼也。故君子隆师而亲友，以致恶其贼。好善无厌，受谏而能诫，虽欲无进，得乎哉？小人反是，致乱而恶人之非己也，致不肖而欲人之贤己也，心如虎狼、行如禽兽而又恶人之贼己也。谄谀者亲，谏争者疏，修正为笑，至忠为贼，虽欲无灭亡，得乎哉？《诗》曰："噏噏呰呰，亦孔之哀。谋之其臧，则具是违；谋之不臧，则具是依。"⑤此之谓也。

【注释】

① 修然：整饬的样子。存：省察，检查。

② 愀（qiǎo）然：忧惧的样子。

③ 介然：形容意志坚定的样子。

④ 菑（zāi）然：如同灾害在身的样子。菑，通"灾"。

⑤ 噏噏（xī）：附和的样子。呰呰（zǐ）：诋毁，诽谤。孔：非常，很。

【译文】

　　看到善行，一定要认真地检查自身是否具有；看到恶行，一定要心怀忧惧地反省自己是否具有。善心善行在身，一定要意志坚定地珍惜保持；恶行恶德在身，一定要像身受灾祸似的痛恨厌恶它。所以能批评我而又批评得中肯切当的人，就是我的老师；夸赞我而又夸赞得恰当的人，就是我的朋友；阿谀谄媚我的人，就是陷害我的贼人。因此，君子尊敬良师、亲近益友，而对贼人则深恶痛绝。一个人如果爱好善行且永不满足，受到规谏而能引以为戒，即使不想进步，又怎么能做得到呢？小人则正好与此相反，胡作非为，而又怨恨别人批评自己；极为不贤，却希望别人说自己有贤德；有虎狼之心，禽兽之行，而又憎恨别人说自己的坏话。对待谄媚奉承自己的人就亲近，遇到规谏劝诫自己的人就疏远，把纠正自己错误的行为看作是讥笑，把对自己极端忠诚的行为看作是陷害，这种人即使不想灭亡，又怎么能做得到呢？《诗经》中说的："对阿谀奉承的小人相附和，对直言正谏的君子相诋毁，真是太令人悲哀了。凡是正确的好的意见，全部都不采纳；那些错误的不好的意见，又全部都依从。"说的就是这种人。

扁善之度①，以治气养生则后彭祖②，以修身自名则配尧、禹。宜于时通③，利以处穷，礼信是也。凡用血气、志意、知虑，由礼则治通，不由礼则勃乱提僈④；食饮、衣服、居处、动静，由礼则和节，不由礼则触陷生疾；容貌、态度、进退、趋行，由礼则雅，不由礼则夷固僻违⑤，庸众而野。故人无礼则不生，事无礼则不成，国家无礼则不宁。《诗》曰："礼仪卒度，笑语卒获。"此之谓也。

【注释】

① 扁（biàn）：通"遍"，普遍，全面。

② 彭祖：尧的臣子，名铿，封于彭城，传说活了八百余岁。

③ 时：处。

④ 勃（bèi）：通"悖"，荒谬。提：通"促"、"媞"，松弛。僈：通"漫"，散漫。

⑤ 夷固：倨傲，傲慢。

【译文】

处处都符合道德的礼法，用来理气养生，可使人的寿命追随彭祖；用来修身自强，则可使人与尧、禹齐名。既适用于通达顺畅之时，又适用于穷困窘迫之境，实在是只有礼才能这样啊！大凡使用感情、意志、思虑的时候，遵循礼法就能顺利通畅，不遵循礼就悖乱散漫；凡是日常的衣食住行方面，遵从礼就和谐而有节制，不遵从礼一举一动就会犯忌有毛病；在容貌、态度、进退、走路等方面，遵循礼法就会雍容典雅，不遵循礼法就会倨傲邪僻、庸俗粗野。所以做人不遵循礼法就不能生存,做事不遵循礼法就不能成功,国家不遵循礼法就不得安宁。《诗经》中说:"如果礼仪全部合乎规矩,一言一笑也就都会合时宜。"说的就是这个意思。

以善先人者谓之教,以善和人者谓之顺;以不善先人者谓之谄,以不善和人者谓之谀。是是、非非谓之知,非是、是非谓之愚。伤良曰谗,害良曰贼。是谓是、非谓非曰直。窃货曰盗,匿行曰诈,易言曰诞。趣舍无定谓之无常^①,保利弃义谓之至贼。多闻曰博,少闻曰浅;多见曰闲,少见曰陋。难进曰偍^②,易忘曰漏。少而理曰治,多而乱曰秏^③。

【注释】

①趣:通"趋",赴,前往。

②偍(tí):缓慢,迟缓。

③秏(mào):通"眊",昏乱,不明。

【译文】

用好的言行引导别人,这就叫作教化,用好的言行响应别人,这就叫作和顺;用不好的言行引导别人,这就叫作谄佞,用不好的言行附和别人,这就叫作阿谀。能肯定正确的、否定错误的,这就叫作明智,肯定错误的、否定正确的,这就叫作愚蠢。言语中伤好人是谗毁,行为陷害好人是迫害。坚持对的就是对的、错的就是错的,叫作正直。偷窃财物叫作盗贼,隐瞒真实行为叫作奸诈,说话不慎重叫作荒诞,行止进退没有标准叫作无常,为了保住一己私利而舍弃道义是最大的盗贼。听到得多叫作渊博,听到得少叫作肤浅;见识多叫作广博,见识少叫作浅陋。进步艰难叫作迟缓,容易忘记叫作疏漏。遇事能抓住重点而有条理叫作善治,头绪纷繁而杂乱叫作昏乱。

治气养心之术:血气刚强,则柔之以调和;知虑渐深^①,则一之以易良;勇胆猛戾,则辅之以道顺^②;齐给便利^③,则节之以动止;

狭隘褊小，则廓之以广大；卑湿、重迟、贪利，则抗之以高志；庸众驽散，则刼之以师友^④；怠慢僄弃^⑤，则炤之以祸灾^⑥；愚款端悫^⑦，则合之以礼乐，通之以思索。凡治气养心之术，莫径由礼，莫要得师，莫神一好。夫是之谓治气养心之术也。

【注释】

① 渐：通"潜"，深沉。

② 道顺：清代学者认为"道顺"通"导训"，即训导。

③ 齐：迅速，快。

④ 刼（jié）：通"劫"，这里指改造，以师友的引导去其往日性行。

⑤ 僄（piào）：轻浮。

⑥ 炤：通"昭"，使明白。

⑦ 悫（què）：朴实、忠厚。

【译文】

调理性情、修养身心的法门是：血气刚强的人，就用心平气和来柔化他；思虑深沉复杂的人，就用忠直率直来改变他；凶猛暴躁的人，就用教训开导来辅助他；行动不慎重的人，就用恰当的举止来节制他；心胸狭窄气量褊狭的人，就用宽宏大度的思想来使他开阔；胸无大志、思维迟钝、贪图小利的人，就用远大的志向来激发他；庸俗平常、才能低下、愚钝散漫的人，就用良师益友来改造他；懒惰轻浮、自暴自弃的人，就用灾祸来警示他；忠厚老实、单纯朴实的人，就用礼乐来调和他，用动脑思索来贯通他。大凡条理性情、修养身心的方法，没有比按照礼义行事更便捷的了，没有比得到良师益友更关键的了，没有比专心致志更能发生神妙作用的了。这就是条理性情、修养身心的方法。

志意修则骄富贵，道义重则轻王公，内省而外物轻矣。传曰："君子役物，小人役于物。"此之谓矣。身劳而心安，为之；利少而义多，为之。事乱君而通，不如事穷君而顺焉。故良农不为水旱不耕，良贾不为折阅不市^①，士君子不为贫穷怠乎道。

【注释】

① 折(shé)阅：亏损。阅，出售。

【译文】

志向心意美好就可以藐视富贵，以道义为重就可以轻视王公贵族，注重内在修养就能看轻身外之物了。古书上说："君子驱使身外之物，小人被身外之物所驱使。"讲的就是这个意思。使身体劳苦而内心安定的事，要去做；获得利益虽然少而道义多，要去做。与其侍奉昏乱的君主而身居显达，不如侍奉身处困境而顺从道义的君主。所以一个好的农民不会因为洪涝、干旱的灾害就不耕田，一个好的商人不会因为折本亏损就不做买卖，士人君子不会因为贫穷困顿就懈怠道义。

体恭敬而心忠信，术礼义而情爱人，横行天下，虽困四夷，人莫不贵。劳苦之事则争先，饶乐之事则能让，端悫诚信，拘守而详，横行天下，虽困四夷，人莫不任。体倨固而心执诈，术顺墨而精杂污①，横行天下，虽达四方，人莫不贱。劳苦之事则偷儒转脱②，饶乐之事则佞兑而不曲③，辟违而不悫，程役而不录④，横行天下，虽达四方，人莫不弃。

【注释】

① 顺：学者杨倞认为"顺"当为"慎"，指战国时期的慎到，"尚法""重势"，是早期法家人物。墨：指墨翟(dí)，战国时鲁国人，主张"兼爱""非攻"，墨家学派的创始人。精：当为"情"，性情。

② 儒：通"懦"，懦弱。

③ 兑：通"锐"，迅速。

④ 程役：通"逞欲"。录：谨慎。

【译文】

体貌恭敬而内心忠诚守信，遵循礼义而内心仁和慈爱，这样的人遍行天下，即便穷困潦倒在四夷之地，人们也没有不敬重他的。遇到劳累辛苦的事争着干，遇到安逸享乐的事就让给别人，忠厚老且诚实守信，谨

荀子

16

守法度而明察事理，这样的人遍行天下，即便穷困潦倒在四夷之地，也没有人会不任用他。体貌倨傲而内心奸诈，遵循慎到、墨翟等的百家杂说而内心纷杂污秽，这样的人遍行天下，即使通达四方威风八面，人们也没有不轻视他的。遇到劳累辛苦的事就偷懒推脱，遇到享乐的事就争先恐后、毫不谦让，奸邪悖理而不诚实，放纵享乐而不加检束，这样的人遍行天下，即使通达四方威风八面，人们也没有不唾弃他的。

行而供冀^①，非渍淖也^②；行而俯项，非击戾也；偶视而先俯，非恐惧也。然夫士欲独修其身，不以得罪于比俗之人也。

【注释】

① 供：通"恭"，恭敬。冀：学者杨倞认为当为"翼"，小心。

② 渍淖(zì nào)：陷入烂泥中。

【译文】

行走时恭谨小心，并不是因为害怕陷在烂泥里；行走时低着头，并不是因为害怕撞到东西；两人对视先低头行礼，并不是因为害怕对方。士子这样做只是想独自修养自己的身心，不是害怕见罪世俗之人。

夫骥一日而千里，驽马十驾则亦及之矣。将以穷无穷，逐无极与？其折骨绝筋，终身不可以相及也。将有所止之，则千里虽远，亦或迟或速、或先或后，胡为乎其不可以相及也？不识步道者，将以穷无穷逐无极与？意亦有所止之与？夫坚白、同异、有厚无厚之察^①，非不察也，然而君子不辩，止之也；倚魁之行^②，非不难也，然而君子不行，止之也。故学曰："迟彼止而待我，我行而就之，则亦或迟或速，或先或后，胡为乎其不可以同至也？"故跬步而不休，跛鳖千里；累土而不辍，丘山崇成^③；厌其源，开其渎，江河可竭；一进一退，一左一右，六骥不致。彼人之才性之相县也，岂若跛鳖之与六骥足哉？然而跛鳖致之，六骥不致，是无它故焉，或为之，或不为尔。

【注释】

① 坚白:即"离坚白",战国时名家公孙龙提出的重要命题,认为坚硬和白色是事物的两种各自独立的属性。参见《公孙龙子·坚白论》。同异:即"合同异",战国时名家惠施提出的重要命题,认为事物之间的同和异是相对的。参见《庄子·天下》。有厚无厚:也是惠施提出的一个论证空间无限性的哲学命题,认为"无厚,不可积也,其大千里"(《庄子·天下》),没有厚度的东西,是不能累积起来的,但面积仍可大至千里。一说是春秋时邓析提出的命题,参见《邓析子·夫厚》。

② 倚魁:奇怪,怪诞。

③ 崇:最终。

【译文】

骏马一天跑一千里的路程,劣马跑十天也能达到。你想要走完无尽的路途,追求没有终点的目标吗? 那么就是走到筋折骨断,也是一辈子不能到达。如果有一个终点,那么即使路程千里万里,或快或慢,或先或后,怎么可能走不到目的地呢? 不认路的人,是要走完无尽的路途,追求没有终点的目标呢? 还是要有所止境呢? 那些关于"坚白""同异""有厚无厚"等命题的考察辩论,并不是不明察,然而君子不辩论这些,是因为君子有所止境;那些怪诞的行为,不是不难做,然而君子不去做,是因为君子有所止境。所以学者说:"我落后了,前面的人停下来等我,我赶上去,那也不过或慢些或快些,或先到或后到,为什么不能同样地到达目的地呢?"所以一步一步不停地走下去,跛足的乌龟也能走千里远;不停地积累泥土,平地上终能堆成山丘;堵塞源头,挖开沟渠,长江、黄河也会枯竭;一会儿前进,一会儿后退,一会儿向左,一会儿向右,就是六匹骏马拉的车子也不能到达终点。人与人之间才能、禀赋的差别,哪里有跛足的乌龟和六匹骏马那样大呢? 然而跛足的乌龟能够到达的地方,六匹骏马却不能,这没有其他的原因,只是一个做,一个没有做吧。

道虽迩,不行不至;事虽小,不为不成。其为人也多暇日者,其出入不远矣①。好法而行,士也;笃志而体,君子也;齐明而不竭,

荀子

圣人也。人无法,则伥伥然;有法而无志其义^②,则渠渠然^③;依乎法而又深其类,然后温温然。

【注释】

① 入:学者王念孙认为当为"人"字。

② 志:意志。

③ 渠(jù)渠然:局促、不安的样子。渠,通"遽"。

【译文】

道路虽然近,但不走就不会到达;事情虽然小,但不做就不会成功。那些整日游手好闲的人,其成就也不会超出平常人很远。爱好礼法而且能依照礼法行事的人,是士;意志坚强而且能身体力行的人,是君子;心思敏捷而又永不枯竭的人,是圣人。人没有了礼法,就会无所适从;有了礼法而不了解它的深意,就会局促、不安;遵循礼法而又能深明其含义,然后才能悠闲自若。

礼者,所以正身也;师者,所以正礼也。无礼,何以正身?无师,吾安知礼之为是也?礼然而然,则是情安礼也;师云而云,则是知若师也。情安礼,知若师,则是圣人也。故非礼,是无法也;非师,是无师也。不是师法而好自用,譬之是犹以盲辨色,以聋辨声也,舍乱妄无为也。故学也者,礼法也。夫师,以身为正仪而贵自安者也。《诗》云:"不识不知,顺帝之则。"^① 此之谓也。

【注释】

① 则:法则、规则。

【译文】

礼法,是用来端正身心的;老师,是用来端正礼法的。没有礼法,用什么来端正人的身心呢?没有老师,我怎么会知道礼应该是这样的呢?礼是怎样规定的就怎样做,这就是性情安于礼;老师是怎样说就怎样说,这就是智慧同老师相若。一个人能做到性情安于礼,智慧与老师相若,

修身

那就是圣人。所以，违背礼法的规定就是无视法度；违背老师的教诲，就是如同没有老师。不遵从老师的教诲和礼法的规定，而喜欢自以为是，就如同让盲人来辨别颜色，让聋人来分辨声音，除了悖理狂妄的事之外，不会有什么作为。所以，学习的根本，就是学习礼法。老师，就是要以自身言行为众人表率，最可贵的是安心于这样做。《诗经》中说："不知道为什么要这样做，然而符合自然的法则。"说的就是这个意思。

端悫顺弟^①，则可谓善少者矣；加好学逊敏焉，则有钧无上，可以为君子者矣。偷儒惮事，无廉耻而嗜乎饮食，则可谓恶少者矣；加惕悍而不顺^②，险贼而不弟焉，则可谓不详少者矣，虽陷刑戮可也。老老而壮者归焉，不穷穷而通者积焉，行乎冥冥而施乎无报，而贤不肖一焉。人有此三行，虽有大过，天其不遂乎！

【注释】

① 悫(què)：朴实、诚实。弟：同"悌"，尊敬长者。

② 惕(dàng)：通"荡"，放荡。

【译文】

端正诚实而又尊重顺从长者，就可以称作是好少年；如果再加上好学、谦逊、敏捷等品质，那就只有和他一样的而没有超过他的人，这样就可以成为君子了。懒惰懦弱、胆小怕事，寡廉鲜耻而又好吃懒做，那就可以称作坏少年了；再加上放荡凶悍而又不守礼法，奸诈阴险而又不尊敬长者，就可以称作不吉利的少年了，即使遭受刑罚杀戮也是应该的。爱护老人，那么青壮年也会归附，不逼迫、轻视走投无路的人，那么有贤能的人也会聚集过来，偷偷地做好事而又不求别人知道，对人施恩而又不图回报，那么贤能的人和不肖的人便都会慕名而来归附。人有了这三种德行，即使遇上大祸，上天也不会让他陷于灾祸。

君子之求利也略，其远害也早，其避辱也惧，其行道理也勇。君子贫穷而志广，富贵而体恭，安燕而血气不惰，劳勤而容貌不枯^①,怒不过夺,喜不过予。君子贫穷而志广,隆仁也;富贵而体恭,杀势也;安燕而血气不惰,柬理也;劳勍而容貌不枯,好交也^②;怒不过夺,喜不过予,是法胜私也。《书》曰:"无有作好,遵王之道;无有作恶,遵王之路。"此言君子之能以公义胜私欲也。

【注释】

① 勍:通"倦",疲劳、疲倦。

② 交:学者王念孙认为此处当为"文"字。

【译文】

君子对于追求私利是很淡泊的,对于避开灾祸是有预见的,他小心地避开耻辱,勇敢地担当道义。君子即使贫贱困顿但志向依然远大,即使大富大贵也能保持体貌恭敬,安逸的时候精神也不怠惰,劳倦的时候容貌依然端正,愤怒的时候也不过分地处罚别人,高兴的时候也不过分地赏赐别人。君子贫穷但志向远大,是要尊崇仁爱;富贵但恭敬有礼,是不以威势压人;安逸但精神不懈怠,是在按照礼义的要求做;劳倦但容貌不轻慢,是要注重礼仪;愤怒但不过分处罚,高兴但不过分赏赐,是以法度克制私情。《尚书》中说:"不要依据个人偏好办事,要遵循先王的正道;不要依据个人憎恶办事,要遵循先王的正路。"这是说君子能用公义战胜私欲。

非相

　　相人，古之人无有也，学者不道也。古者有姑布子卿^①，今之世，梁有唐举^②，相人之形状颜色而知其吉凶妖祥，世俗称之。古之人无有也，学者不道也。故相形不如论心，论心不如择术。形不胜心，心不胜术。术正而心顺之，则形相虽恶而心术善，无害为君子也；形相虽善而心术恶，无害为小人也。君子之谓吉，小人之谓凶。故长短、小大、善恶形相，非吉凶也。古之人无有也，学者不道也。

【注释】

①姑布子卿：姓姑布，字子卿，春秋时郑国人，曾看过孔子和赵襄子的相。

②唐举：战国时魏国人，曾给李兑、蔡泽看过相。

【译文】

　　根据人的体态容貌来推断人的吉凶祸福，古代的人不干这种事，有学识的人也不屑于谈论这种事。古代的时候有个叫姑布子卿的相士，当今之世，梁国有个叫唐举的相士，能根据一个人的形体容貌就判断他的吉凶祸福，社会上的一般人都称赞他们的相术。古代的人不干这种事，有学识的人也不屑于谈论这种事。所以与其观察一个人的容貌体态不如研究他的思想，研究他的思想不如分辨他的所作所为。容貌体态比不上思想，思想比不上所作所为。所作所为正确，思想就会遵循它，那么即使相貌丑陋但思想行为美好，也不会妨碍一个人成为君子；相貌虽然美好但思想行为恶劣，也不会妨碍一个人成为小人。做君子就吉祥，做小人就凶险。所以身材的高矮、体形的胖瘦，相貌的美丑，不能决定一个人的吉凶。古代的人不干这种事，有学识的人也不屑于谈论这种事。

盖帝尧长,帝舜短,文王长①,周公短②,仲尼长③,子弓短④。昔者卫灵公有臣曰公孙吕⑤,身长七尺,面长三尺,焉广三寸,鼻目耳具,而名动天下。楚之孙叔敖⑥,期思之鄙人也⑦,突秃长左,轩较之下⑧,而以楚霸。叶公子高⑨,微小短瘠,行若将不胜其衣。然白公之乱也⑩,令尹子西、司马子期皆死焉⑪;叶公子高入据楚,诛白公,定楚国,如反手尔,仁义功名善于后世。故事不揣长,不揳大⑫,不权轻重,亦将志乎尔。长短、小大、美恶形相,岂论也哉!

【注释】

① 文王:即周文王,姓姬,名昌,武王之父。其子周武王灭商时追尊他为周文王。

② 周公:周文王的儿子,周武王的弟弟,名旦,也称周公旦。

③ 仲尼:即孔子(前551—前479),名丘,字仲尼。

④ 子弓:孔子的弟子,姓冉,名雍,字仲弓。一说为馯(hàn)臂子干,战国时研究《周易》的学者。

⑤ 卫灵公:春秋时卫国国君,历史上著名的无道昏君。公孙吕:人名。事迹不详。

⑥ 孙叔敖:春秋时楚国的宰相,辅助楚庄王成就霸业。

⑦ 期思:楚国邑名。在今河南省淮滨县。

⑧ 轩较(jué):古代士大夫以上乘坐的车。轩,古代车前的直木。较,古代车前的横木。

⑨ 叶(shè)公子高:春秋时楚国大夫,姓沈,名诸梁,字子高。因封地在叶(今河南叶县),故称"叶公"。

⑩ 白公之乱:公元前479年,白公以献战利品为名,带兵入郢,杀了子西、子期,劫走惠王,史称"白公之乱"。白公,名胜,楚平王之孙。

⑪ 令尹:古时主管行政的最高长官。子西:即公子申,楚平王长子。司马:古时主管军事的最高长官。子期:即公子结,楚平王之子。

⑫ 揳(xié):通"絜",大约,估计。

非相

23

【译文】

帝尧身材高大，帝舜身材矮小，周文王身材高大，周公旦身材矮小，孔子身材高大，子弓身材矮小。从前，卫灵公有个大臣叫公孙吕，身高七尺，脸长达三尺，额宽只有三寸，鼻子、眼睛、耳朵都有却相距很远，而名声却天下皆知。楚国的孙叔敖，是期思这个地方的粗人，头秃发少，左手比右手长，个子比车前的直木和横木还要矮，却使楚国称霸诸侯。叶公子高，矮小瘦弱，走起路来好像连自己的衣服都撑不起来。但是当白公作乱时，令尹子西、司马子期都死于其中；叶公子高率兵入楚，诛杀白公，安定了楚国，做这些事好像把手掌翻过来一样轻松自如，他的仁爱大义和功业名声于后世显扬。所以评价士人，不用测量他身材的高矮，不用估计他体形的胖瘦，不用权衡他体重的轻重，只要看他的志向就够了。一个人形体的高矮、大小、美丑，难道还值得一谈吗！

　　且徐偃王之状 ①，目可瞻马；仲尼之状，面如蒙倛 ②；周公之状，身如断菑 ③；皋陶之状 ④，色如削瓜；闳夭之状 ⑤，面无见肤；傅说之状 ⑥，身如植鳍 ⑦；伊尹之状 ⑧，面无须麋 ⑨；禹跳，汤偏，尧、舜参牟子 ⑩。从者将论志意，比类文学邪？直将差长短，辨美恶，而相欺傲邪？

【注释】

　　① 徐偃王：西周时徐国的君主，传说他的眼睛只能向上看而不能俯视，所以被称为"偃王"。

　　② 蒙倛：古时驱鬼或出丧时戴的一种面貌凶狠的假面具。

　　③ 菑(zì)：立着的枯树。

　　④ 皋陶(yáo)：上古人名，传说是舜时掌管刑法的官。

　　⑤ 闳(hóng)夭：周文王的大臣，曾设计使商纣释放了被囚的周文王，后辅佐周武王伐纣。

　　⑥ 傅说(yuè)：曾是筑墙的工匠，后为商王武丁的大臣。

　　⑦ 身如植鳍：背上好像长了鱼鳍一样。这里指驼背。

⑧ 伊尹：商汤王的大臣。

⑨ 麋：通"眉"，眉毛。

⑩ 牟：通"眸"，眼珠，这里指瞳仁。

【译文】

　　况且，徐偃王的眼睛只能仰视远处的马而不能朝下看；孔子的脸上像戴了一张面目凶狠的假面具；周公的身体像立着的枯树干；皋陶的脸色青绿如同削了皮的瓜；闳夭的脸上满是胡须，都看不到皮肤；傅说驼背，身体好像长了鱼鳍；伊尹的脸上没有胡须和眉毛；大禹跛足，商汤半身不遂，尧和舜的每个眼睛里都有两个瞳仁。学者应该是谈论他们的意志，比较他们的学识呢？还是比较他们的高矮，分别他们的美丑，互相欺骗、互相傲视呢？

　　古者桀、纣长巨姣美，天下之杰也；筋力越劲①，百人之敌也。然而身死国亡，为天下大僇②，后世言恶则必稽焉③。是非容貌之患也，闻见之不众，论议之卑尔。今世俗之乱君④，乡曲之儇子⑤，莫不美丽姚冶，奇衣妇饰，血气态度拟于女子；妇人莫不愿得以为夫，处女莫不愿得以为士，弃其亲家而欲奔之者，比肩并起。然而中君羞以为臣，中父羞以为子，中兄羞以为弟，中人羞以为友，俄则束乎有司而戮乎大市，莫不呼天啼哭，苦伤其今而后悔其始。是非容貌之患也，闻见之不众，论议之卑尔。然则从者将孰可也？

【注释】

① 越劲：形容敏捷有力。

② 僇（lù）：通"戮"，耻辱。

③ 稽：考察，指以之为借鉴。

④ 乱君：学者俞樾认为当为"乱民"。

⑤ 儇（xuān）子：轻薄巧慧的男子。

【译文】

　　古时候，夏桀、商纣身材魁梧、相貌英俊，是天下相貌超群的人物。他们身手敏捷有力，足可以抵御上百人。这样却最后落得自己被杀、国家灭亡,为天下人所耻笑,后代的人凡是说到恶人就一定会以他们为例。他们落得这样的下场,并不是容貌所引起的灾祸,而是他们知识浅陋,思想境界卑下的缘故。现在俗世中的乱民,乡村中轻薄巧慧的男子,没有不美丽妖艳的,他们身着奇装异服,打扮得如同妇女,神情和态度也模仿女子;妇人们没有不愿意找他们做自己丈夫的,姑娘们没有不愿意找他们做自己未婚夫的,抛弃她们的亲人和家庭想与他们私奔的女人,比比皆是。然而即使是普通的君主也羞于让他们做自己的臣下,普通的父亲羞于让他们做自己的儿子,普通的兄长羞于让他们做自己的弟弟,普通的人羞于让他们做自己的朋友,有朝一日他们就会被司法机关逮捕并在大街上处死,没有不哭天抢地、痛哭流涕的,悲痛今天的遭遇而后悔自己当初的所作所为。这并不是容貌所引起的灾祸,而是因为知识浅陋,思想境界卑下的缘故。既然这样,那么学者们应该赞同哪一种观点呢?

人有三不祥:幼而不肯事长,贱而不肯事贵,不肖而不肯事贤,是人之三不祥也。人有三必穷:为上则不能爱下,为下则好非其上,是人之一必穷也。乡则不若[①],偝则谩之[②],是人之二必穷也。知行浅薄,曲直有以相县矣[③],然而仁人不能推,知士不能明[④],是人之三必穷也。人有此三数行者,以为上则必危,为下则必灭。《诗》曰:"雨雪瀌瀌,宴然聿消。莫肯下隧,式居娄骄。"[⑤] 此之谓也。

【注释】

① 乡:通"向",面对面。

② 偝:通"背",背后、私下。

③ 有:通"又"。县(xuán):通"悬",差距大。

④ 明:尊崇。

⑤ 瀌瀌(biāo):雪大的样子。宴然:日出和暖的样子。宴:通"曣",日出。聿(yù):语助词。隧:通"坠",这里引申为退位或引退。

【译文】

人有三种不祥的行为:年轻而不肯侍奉年长的人,地位卑贱而不肯侍奉地位尊贵的人，才庸德薄而不肯侍奉有贤德的人，这是人的三种不祥的行为。人在三种情况下会陷入困境：身为上级却不爱护下级，身为下级却喜欢非议上级，这是第一种必然陷入困境的情况。当面顶撞，背后又毁谤谩骂，这是第二种必然陷入困境的情况。才智浅薄、德行卑劣，辨别是非曲直的能力又和别人相差悬殊，然而却不能推举仁人，不能尊崇智士，这是第三种必然陷入困境的情况。一个人如果有了这三不祥、三必穷，身居高位则必然危险，身居下位则必然灭亡。《诗经》中说："大雪纷纷扬扬地下，太阳出来一照就融化。有的人却不肯降位引退，反而占据高位傲视旁人。"说的就是这种情况。

　　人之所以为人者，何已也①？曰：以其有辨也。饥而欲食，寒而欲暖，劳而欲息，好利而恶害，是人之所生而有也，是无待而然者也，是禹、桀之所同也。然则人之所以为人者，非特以二足而无毛也，以其有辨也。今夫狌狌形笑②，亦二足而毛也③，然而君子啜其羹，食其胾④。故人之所以为人者，非特以其二足而无毛也，以其有辨也。夫禽兽有父子而无父子之亲，有牝牡而无男女之别⑤，故人道莫不有辨。

【注释】

① 已：通"以"，由于。

② 狌狌：即猩猩。形笑：学者俞樾认为应为"形状"。

③ 学者俞樾认为此句"毛"前脱一"无"字。

④ 胾(zì)：块状的肉。

⑤ 牝牡(pìn mǔ)：雌雄。牝，雄性动物。牡，雌性动物。

【译文】

　　人之所以为人，是因为什么呢？回答是：因为人有长幼亲疏的等级区别。饥饿了就想吃东西，觉得冷了就想暖和，觉得劳累了就想休息，喜欢好处而讨厌祸患，这是人与生俱来的天性，是不需要经过后天学习就会这样的，这是大禹和夏桀相同的地方。然而人之所以为人，并不仅仅是因为人有两只脚、身上没有毛，而是因为人有长幼亲疏的等级区别。现在猩猩的样子，也是有两只脚、脸上没有毛，然而人却可以喝它的汤，吃它的肉。所以人之所以为人，并不仅仅是因为人有两只脚、身上没有毛，而是因为人有长幼亲疏的等级区别。禽兽有父子关系却没有父子亲情，有雌雄的不同却没有男女之别，所以人类社会的根本原则就在于长幼亲疏的等级区别。

辨莫大于分，分莫大于礼，礼莫大于圣王。圣王有百，吾孰法焉？故曰：文久而息，节族久而绝[1]，守法数之有司极礼而褫[2]。故曰：欲观圣王之迹，则于其粲然者矣，后王是也。彼后王者，天下之君也。舍后王而道上古，譬之是犹舍己之君而事人之君也。故曰：欲观千岁则数今日，欲知亿万则审一二，欲知上世则审周道，欲知周道则审其人所贵君子。故曰：以近知远，以一知万，以微知明。此之谓也。

【注释】

① 族（zòu）：通"奏"，节奏。

② 褫（chǐ）：废弛，松弛。

【译文】

长幼亲疏的等级区别最重要的是等级名分，等级名分最重要的是礼，礼义最重要的是制定它的圣王。圣王有很多，我应该效法谁呢？回答是：礼法制度的时间长了就会湮灭，音乐的节奏年代久了就会失传，掌管礼法的官吏因年代久远也就废弛懈怠了。所以说：想要考察圣王治国的事迹，就要看那些保存得清楚明白的人物，那便是后王了。这里所说的后王，就是当今天下的君主。舍弃现在的君主而颂扬上古的帝王，打个比方来说，就好像抛弃自己的君主而去侍奉别人的君主一样。所以说：想要知晓千年之前的事就要观察现在，想要知道亿万就要考察一二，想要了解上古的情况就要研究当今周朝的治国原则，想要研究周的治国原则就要审察他们所尊崇的君子。所以说：由近代可以推知远古，由一可以知道万，由隐微之处可以知道广大的事情。说的就是这个道理。

夫妄人曰：“古今异情，其以治乱者异道。”而众人惑焉。彼众人者，愚而无说，陋而无度者也。其所见焉，犹可欺也，而况于千世之传也！妄人者，门庭之间，犹可诬欺也，而况于千世之上乎！圣人何以不可欺？曰：圣人者，以己度者也。故以人度人，以情度情，以类度类，以说度功，以道观尽，古今一也。类不悖，虽久同理，故乡乎邪曲而不迷①，观乎杂物而不惑，以此度之。五帝之外无传人②，非无贤人也，久故也。五帝之中无传政，非无善政也，久故也。禹、汤有传政而不若周之察也，非无善政也，久故也。传者久则论略，近则论详，略则举大，详则举小。愚者闻其略而不知其详，闻其小而不知其大也③，是以文久而灭，节族久而绝。

【注释】

① 乡：通“向”，面向。

② 五帝：指传说中的五位上古帝王，即黄帝、颛顼（zhuān xū）、帝喾、唐尧、虞舜。

③ 详：学者王念孙认为当为“小”字。

【译文】

有些愚妄无知的人说：“古时和现今的政治情况是不一样的，用来治理混乱的方法也不一样。”于是众人都被迷惑了。那些凡夫俗子，心智愚昧而不会辩说，见识鄙陋而不会思考。他们亲眼所见的事物，尚且可以用来欺骗他们，更何况是千年相传、不能亲见的事呢！那些狂妄的骗子，就是发生在门庭之间的事，还可以用来欺诈蒙骗别人，何况千年之前、人所不见的事呢！为什么圣人不会受骗呢？回答是：圣人能根据自己的经验判断古代的事物。所以说以人性去推断一般人，以人之常情去推断别人的情感，以某一类事物的情况推断同类的个别事物，根据言论的内容推断实际的功业，根据客观事物的规律观察一切事物，这在古代和现在都是一样的。只要是同一类的事物，即使时间相隔久了，它们的规律也是一样的，所以面对各种歪理邪说也不至于受迷惑，看到各种杂乱无章的事物也不至于受迷惑，那是因为能按照这种道理去衡量一切事物的缘故。后世没有流传五帝之前的人的事迹，这并不是因为五帝之前没有贤德的人，而是时间太过久远、事迹难以留传的缘故。后世没有流传五帝的政事，并不是他们没有好的政绩，而是时间太过久远的缘故。夏禹和商汤的政事后世都有流传，但是不如周朝的政事那样详细明白，并不是周朝没有善政，而是因为时间太过久远的缘故。流传的东西，离现在的时间长了，讲起来就简略，离现在近的事情讲起来才详细，讲得简略了就只能列举其大概，详细的就可以列举其细节。愚昧的人听到大概却不知其详情，听到细节却不知其大要。所以时间长了礼法制度就会湮灭，时间久了音乐的节奏就会失传。

凡言不合先王，不顺礼义，谓之奸言，虽辩，君子不听。法先王，顺礼义，党学者[①]，然而不好言，不乐言，则必非诚士也。故君子之于言也[②]，志好之，行安之，乐言之。故君子必辩。凡人莫不好言其所善，而君子为甚。故赠人以言，重于金石珠玉；观人以言[③]，美于黼黻文章[④]；听人以言，乐于钟鼓琴瑟。故君子之于言无厌。鄙夫反是，好其实，不恤其文，是以终身不免埤污佣俗[⑤]。故《易》曰："括囊，无咎无誉。"[⑥] 腐儒之谓也。

【注释】

① 党：亲近。

② 言：学者王引之认为当为"善"字。一说为言论。

③ 观：学者王念孙认为当为"劝"字，勉励。

④ 黼黻（fǔ fú）：古代礼服上所绣的花纹。

⑤ 埤（bēi）：低下，卑贱。佣：通"庸"，平庸，庸俗。

⑥ 括：结扎，系上。

【译文】

凡是言论不符合先王的大道，不遵循礼义内涵的，就是奸邪之言，即使讲得头头是道，君子也不会听。效法先王之法，遵循礼义之道，亲近学者，这样做却不喜欢谈论，不乐于谈论，那他也一定不是真诚追求真理之士。所以君子对于正确的言论，内心里喜欢它，行动上依据它，而又乐于谈论宣扬它。所以君子一定善辩。大凡人都乐于谈论自己所喜欢的东西，君子尤其如此。所以以善言赠人，比赠人金石珠玉更有价值；以善言劝勉别人，比华丽多彩的礼服花纹还美丽；让别人听善言，比让人听钟鼓琴瑟更令人愉快。所以君子对于善言津津乐道而不感厌倦。庸俗的人与此相反，过于注重实际而不在乎修饰文采，因此终生不免于低下和庸俗。所以《易经》上说："（不说话的人像）扎起来的口袋，既没有过错也不会有荣誉。"说的就是这种陈腐无用的儒生。

　　凡说之难①，以至高遇至卑，以至治接至乱。未可直至也，远举则病缪②，近世则病佣③。善者于是间也，亦必远举而不缪，近世而不佣，与时迁徙，与世偃仰，缓急、赢绌④，府然若渠匽、檃栝之于己也⑤，曲得所谓焉，然而不折伤。故君子之度己则以绳，接人则用抴⑥。度己以绳，故足以为天下法则矣。接人用抴，故能宽容，因求以成天下之大事矣⑦。故君子贤而能容罢⑧，知而能容愚，博而能容浅，粹而能容杂，夫是之谓兼术。《诗》曰："徐方既同，天子之功。"此之谓也。

【注释】

① 说（shuì）：劝说，说服。

② 缪：通"谬"，荒谬。

③ 世：学者俞樾认为当为"举"字。下同。

④ 赢：通"赢"，盈余。绌：减损，不足。

⑤ 府：通"俯"。渠匽：渠坝，拦水坝。匽，通"堰"，坝。檃栝（yǐn kuò）：矫正弯木时用的工具。

⑥ 抴（yì）：通"枻"，短桨，可以接人上船。这里引申为引导。

⑦ 求：王念孙认为当为"众"字。

⑧ 罢（pí）：通"疲"，指才能很差的人。

大凡劝说的困难在于,用最高尚的道理劝说最卑劣的人,用治世的理论来改变最混乱的局面。这不是直截了当地劝说就能达到目的的,因为举出上古的事例就会陷于荒谬无根据,举出当今的事例就会流于庸俗。善于劝说的人能中正地居于二者之间,必定能够做到列举古代的事例而不荒诞不经,举出近代的事例而不流于庸俗浅薄,而是随着时代的变迁而变迁,顺着社会的变化而变化,无论是从容地说或急迫地说,滔滔不绝或惜字如金,都能做到应对自如,就如同堤坝控制着水流,檃栝矫正弯木那样控制好自己,婉转地达到劝说的目的,做到这样而又不伤害别人的感情。所以君子要严于律己,正己要像工匠用绳墨取直一般严格,对待别人要用引导的方法,像用船桨引客上船一般。君子像用绳墨取直一样严格要求自己,所以能够成为天下人效法的榜样。君子对待别人像用船桨引人上船一样注重引导,所以能宽容大度,依靠众人完成统一天下的大业。所以君子自己贤能而又能接纳无能之人,自己聪明而又能包容愚钝之人,自己博学而又能接纳见识浅陋之人,自己道德纯洁又能容纳品行不纯之人,这就是兼收并蓄之法。《诗经》中说:"徐国已经归顺了,这是天子的功劳啊。"说的就是这个意思。

谈说之术:矜庄以莅之,端诚以处之,坚强以持之,分别以喻之[1],譬称以明之,欣讙芬芗以送之[2],宝之珍之,贵之神之,如是则说常无不受。虽不说人,人莫不贵,夫是之谓为能贵其所贵。传曰:"唯君子为能贵其所贵。"此之谓也。

【注释】

① 分别:学者王念孙认为此处的"分别"应与下文的"譬称"互换。

② 讙:通"欢"。芬芗(xiāng):芬芳,引申为和气。芗,通"香"。

【译文】

谈话、说服的方法是:庄重严肃地面对他,正直真诚地对待他,坚定刚强地支持他,用比喻的方法启迪他,用分析的方法使他明白,要和气、热情地把知识传授给他，要珍爱、宝贵、重视、坚信自己所讲。如果能做到这些，那么你所讲的就没有不被接受的。即使没有讨好别人，人们也没有不重视他的，这就叫作使自己珍重的东西得到尊重。古书上说："只有君子才能使他所珍惜的东西得到重视。"说的就是这个意思。

君子必辩。凡人莫不好言其所善，而君子为甚焉。是以小人辩言险而君子辩言仁也。言而非仁之中也，则其言不若其默也，其辩不若其呐也[1]；言而仁之中也，则好言者上矣，不好言者下也。故仁言大矣。起于上所以道于下，正令是也；起于下所以忠于上，谋救是也。故君子之行仁也无厌[2]。志好之，行安之，乐言之，故言君子必辩。小辩不如见端，见端不如见本分。小辩而察，见端而明，本分而理，圣人士君子之分具矣。

【注释】

① 呐(nè)：通"讷"，说话迟钝不流利。

② 厌：厌倦，厌烦。

【译文】

君子一定是能言善辩的。人都愿意谈论自己喜欢的东西，而君子则尤其如此。所以小人宣扬的是邪恶，而君子宣扬的是仁爱。如果一个人的言谈不符合仁义之道，那么他侃侃而谈还不如沉默不语，能言善辩还不如木讷少言；如果一个人的言谈符合仁义之道，那么擅长言谈的就是上等，不擅长言谈的就是下等。所以符合仁义的言谈是伟大的。由上面的君主制定，用来引导下面臣民的言谈，就是政令；发起于下面的臣民，为了忠于上面君主的言谈，是诤谏补救。所以君子不厌其烦地去奉行仁义大道。君子对于仁义，在内心里喜欢它，在行动上遵循它，在言谈上宣传它，所以说君子一定是能言善辩的。辩说烦琐的小事不如揭示事物的头绪，揭示事物的头绪不如遵循名分。辩说烦琐小事能发现问题，揭示头绪能说明问题，遵循名分能使条理清晰，这样圣人和士君子所应发挥的作用就具备了。

有小人之辩者,有士君子之辩者,有圣人之辩者:不先虑,不早谋,发之而当,成文而类,居错迁徙①,应变不穷,是圣人之辩者也。先虑之,早谋之,斯须之言而足听,文而致实②,博而党正③,是士君子之辩者也。听其言则辞辩而无统,用其身则多诈而无功,上不足以顺明王,下不足以和齐百姓,然而口舌之均,嚰唯则节④,足以为奇伟偃却之属⑤,夫是之谓奸人之雄。圣王起,所以先诛也,然后盗贼次之。盗贼得变,此不得变也。

【注释】

①居:通"举"。

②致实:诚实。致,通"质",信。一说符合实际。

③党:通"谠",正直,直言。

④嚰(zhān):多言。

⑤偃却:同"偃蹇",高傲,骄傲。

【译文】

有小人的辩说,有士君子的辩说,有圣人的辩说:事先不须思考,不用提早做打算,说出来就很恰当,文采斐然而又符合礼法,无论情况如何变化,都能应变无碍,这是圣人的辩说。事先经过考虑,早就有所打算,语言简短却能打动人心,言谈既有文采又诚实可信,学识渊博又直言不阿,这是士君子的辩说。听他讲话夸夸其谈却不得要领,任用他办事则狡猾奸诈而没有成效,对上不能做到顺从贤明的君主,对下不能够使百姓和谐一致,然而说起话来很动听,言谈或多或少都很适当,称得上是自以为是、骄傲自大之类,这是奸人中最突出的。如果圣王出现,一定要先诛杀这类人,镇压盗贼反而在其次。这是因为盗贼尚且能够转变,而这类奸人是不会悔改的。

非十二子

假今之世,饰邪说,文奸言,以枭乱天下[①],谲宇嵬琐[②],使天下混然不知是非治乱之所存者有人矣。

【注释】

① 枭:通"挠",扰乱。

② 谲宇:谲诡。谲,通"谲"(jué),欺诈。宇,通"讦"(xū),虚夸,夸大。嵬(wéi)琐:奸诈卑鄙。嵬,奸诈。琐,卑鄙。

【译文】

乘借当今天下大乱的时代,粉饰邪说,美化奸言,来扰乱天下,使用欺诈、浮夸、奸诈、卑劣的手段,使天下人心智混乱不辨是与非、治与乱的根本所在的大有人在。

纵情性,安恣睢[①],禽兽行,不足以合文通治;然而其持之有故,其言之成理,足以欺惑愚众,是它嚣、魏牟也[②]。

【注释】

① 恣睢(suī):放纵,任意作为。

② 它嚣:人名,事迹不详。魏牟:战国时魏国贵族,约略与庄子同时,《汉书·艺文志》将其归入道家。

【译文】

放纵自己的情感和天性,肆意胡作非为,行为有如禽兽,不足以符合礼义而达到国家的治理;然而说起话来却有根有据,有条有理,足以欺骗、迷惑愚昧的老百姓,它嚣、魏牟就是这样的人。

忍情性,綦谿利跂^①,苟以分异人为高,不足以合大众、明大分;然而其持之有故,其言之成理,足以欺惑愚众,是陈仲、史鳍也。

【注释】

① 綦谿(qí xī):极深。綦,极。谿,深。利跂(qǐ):离世独立。利,通"离"。跂,立,踮起脚。

【译文】

压抑自己的欲望和天性,讲话的内容极为深奥,行为孤僻、离世独立,一心以追求与众不同为高明,不能和老百姓和谐一致,不能遵守等级名分;但是说起话来有根有据,有条有理,足以欺骗、迷惑愚钝的老百姓,陈仲、史鳝就是这样的人。

不知壹天下、建国家之权称,上功用、大俭约,而僈差等^①,曾不足以容辨异、县君臣^②;然而其持之有故,其言之成理,足以欺惑愚众,是墨翟、宋钘也^③。

【注释】

① 上:通"尚",崇尚。大:重视。僈:轻慢,反对。

② 县(xuán):通"悬",悬殊,差别。

③ 宋钘(jiān):也称宋荣子,战国时宋人,主张禁欲。

【译文】

不懂得统一天下、建立国家的准则,崇尚实际功用、过分强调节俭,而轻视等级秩序,以至于不能够容许人们之间有差别,君与臣之间有等级区别;但是说起话来有根有据,有条有理,足以蒙骗、迷惑愚钝的老百姓,墨翟、宋钘就是这样的人。

尚法而无法,下修而好作^①,上则取听于上,下则取从于俗,终日言成文典,反紃察之^②,则偶然无所归宿^③,不可以经国定分;然而其持之有故,其言之成理,足以欺惑愚众,是慎到、田骈也^④。

【注释】

① 下修:学者王念孙认为当作"不循"。一说指不尚贤。

② 纠(xún)察:循省审察,考察研究。纠,通"循"。

③ 倜(tì)然:远离的样子。

④ 慎到:战国时赵国人,早期法家代表人物。田骈(pián):又名陈骈,战国时齐国人,早期道家代表人物,而借道明法,与慎到齐名。

【译文】

推崇法治而实际上却不讲法治准则,不遵循古人的大道,喜欢自作主张另搞一套,对上听从君主的旨意,对下则随从社会的习俗,整天谈论礼法条文,反复加以考察研究,却远离实际而没有着落,不可以用来治理国家、确定名分;但是说起话来有根有据,有条有理,足以蒙骗、迷惑愚钝的老百姓,慎到、田骈就是这样的人。

不法先王,不是礼义,而好治怪说,玩琦辞①,甚察而不惠②,辩而无用,多事而寡功,不可以为治纲纪;然而其持之有故,其言之成理,足以欺惑愚众,是惠施、邓析也。

【注释】

① 琦:通"奇",奇怪。

② 惠:学者王念孙认为当为"急"字,急需。

【译文】

不效法前代圣王,不赞同礼义,而喜欢钻研奇谈怪论,玩弄奇怪的文辞,十分精细却不合急需,说得头头是道却不符合实际,做的事情很多但收效甚微,不能作为治理国家的纲领;但是说起话来却有根有据,有条有理,足以蒙骗、迷惑愚钝的老百姓,惠施、邓析就是这样的人。

略法先王而不知其统,犹然而材剧志大①,闻见杂博。案往旧造说②,谓之五行③,甚僻违而无类④,幽隐而无说,闭约而无解,案饰其辞而祗敬之曰⑤:"此真先君子之言也。"子思唱之⑥,孟轲和之⑦，世俗之沟犹瞀儒⑧，嚾嚾然不知其所非也⑨，遂受而传之，以为仲尼、子游为兹厚于后世⑩，是则子思、孟轲之罪也。

【注释】

① 剧：繁多。

② 案：通"按"，按照。

③ 五行：即五常，仁、义、礼、智、信，是儒家认为一个人应该具备的五种基本品格和德行。一说意思不明。

④ 僻违：邪僻。无类：不伦不类。

⑤ 案：语助词。祗（zhī）：敬，恭敬。

⑥ 子思：孔子的孙子，名伋，字子思，儒家代表人物之一。

⑦ 孟轲：即孟子，名轲，战国中期邹国人，子思的再传弟子，是孔子之后儒家的重要代表人物，著有《孟子》。

⑧ 沟（kòu）、犹、瞀（mào）：都是愚昧无知的意思。

⑨ 嚾嚾（huān）然：形容吵吵嚷嚷的样子。

⑩ 子游：郭嵩焘认为此处当为"子弓"之误。

【译文】

粗略地效法先王，而不知道他们的根本纲领，却装出一副才能很多、志向远大、见识广博的样子。按照古代的观点臆造出新的学说，叫作"五行"，非常邪僻而不伦不类，极其隐晦而无法讲说，晦涩不通而难以索解，他们却修饰自己的言辞，而十分恭敬地说："这才真正是先君子的学说啊！"前有子思倡导，后有孟轲应和，世俗间那些蒙昧无知的儒生跟着喧嚣鼓噪却不知道这一学说的错误，而且还接受了他们的学说并传播它，还以为孔子、子游是因为这些人的努力而为后世所推重，这就是子思和孟轲的罪过。

若夫总方略，齐言行，壹统类，而群天下之英杰而告之以大古①，教之以至顺；奥窔之间②，簟席之上③，敛然圣王之文章具焉④，佛然平世之俗起焉⑤；六说者不能人也，十二子者不能亲也；无置锥之地，而王公不能与之争名，在一大夫之位，则一君不能独畜,一国不能独容;成名况乎诸侯⑥,莫不愿以为臣⑦。是圣人之不得势者也,仲尼、子弓是也。

【注释】

① 大古:即太古,指古代帝王的事迹。

② 奥窔(yào):屋子的西南角叫奥,屋子的东南角叫窔。这里指在屋子里面。

③ 簟(diàn)席:用竹做成的席子。

④ 敛然:聚集的样子。

⑤ 佛(bó)然:突然兴起的样子。佛,通"勃",勃然,突然。

⑥ 成:大,盛。况:益,超过。

⑦ 学者王引之认为"愿"后脱一"得"字。

【译文】

至于总揽治国的方针和策略,统一人们的言论和行动,统一治国的纲纪条例,聚集起天下的英杰,告知他们上古帝王的业绩,教导他们最高的治国道理;即使是一室之内,竹席之上,前代圣王的典章礼仪在此依然具备,社会安定的风俗也在此勃然兴起;上述的六种学说不能侵入,魏牟等十二子也不能亲近;即使穷得没有立锥之地,王公大人们也不能与他争夺名望;即使身居一国大夫之位,一国的君主也不能单独将其占为己有,一个国家也不能单独将他容纳;他的盛名可以超过诸侯,君王们没有不愿意他成为自己的臣子的。这是没有得到权势的圣人,孔子、子弓就是这种人。

一天下,财万物①,长养人民,兼利天下,通达之属,莫不从服,六说者立息,十二子者迁化,则圣人之得势者,舜、禹是也。今夫仁人也,将何务哉?上则法舜、禹之制,下则法仲尼、子弓之义,以务息十二子之说。如是则天下之害除,仁人之事毕,圣王之迹著矣。

【注释】

① 财:通"裁",管理。

统一天下，管理万物，养育人民，使整个天下的人都得到好处，凡到身车所至、人迹所达的地方，没有不顺从的，以上提到的六种学说立刻消失，魏牟等十二子也随之转变，这就是得到权势的圣人，舜、禹就是这样的人。当今的仁人应该怎么做呢？对上就该效法舜、禹的各项制度，对下就该效法孔子、子弓的道义，从而务必止息十二子的学说。如果能做到这样，天下的灾祸就消弭了，仁人的事业就完成了，圣王的业绩就彰显了。

　　信信，信也；疑疑，亦信也。贵贤，仁也；贱不肖，亦仁也。言而当，知也；默而当，亦知也。故知默犹知言也。故多言而类，圣人也；少言而法，君子也；多少无法而流湎然①，虽辩，小人也。故劳力而不当民务谓之奸事，劳知而不律先王谓之奸心，辩说譬谕、齐给便利而不顺礼义谓之奸说。此三奸者，圣王之所禁也。知而险，贼而神，为诈而巧②，言无用而辩，辩不惠而察③，治之大殃也。行辟而坚④，饰非而好，玩奸而泽，言辩而逆，古之大禁也。知而无法，勇而无惮，察辩而操僻，淫大而用之⑤，好奸而与众，利足而迷，负石而坠，是天下之所弃也。

【注释】

① 流湎：沉湎。

② 为：通"伪"，虚伪。

③ 惠：学者王念孙认为当为"急"字，急需。

④ 辟：邪僻。

⑤ 大(tài)：同"汰"，骄奢，浪费。

【译文】

相信应该相信的，是诚实；怀疑应该怀疑的，也是诚实。以贤人为贵，是仁爱；鄙视不贤之人，也是仁爱。说话得体，是智慧；沉默得当，也是智慧。所以懂得沉默与懂得说话是一样的。所以，说话很多而又都符合礼义，这是圣人；说话虽少也都遵守法度，这是君子；无论说多说少都不符合法度而自己却沉溺其中，即使说得头头是道，也是小人。所以费尽气力而对百姓的事务没有帮助的，就叫作奸事；用尽心思而不遵循先王的法则的，就叫作邪心；能言善辩，善用譬喻，反应机敏但不遵循礼义的，就叫作奸说。这三种奸邪的行为，是圣王所严禁的。智巧而险诈，为非作歹而诡秘难测，虚伪奸诈而十分巧妙，说话没有实际效果却说得头头是道，论辩不合急需却分析得很精细，这是治理国家最大的祸害。行为邪僻而顽固不化，掩饰罪过而十分巧妙，玩弄权术而非常圆滑，说话头头是道却违背常理，这是古时候所特别禁止的。聪明然而不遵守法度，勇猛然而无所忌惮，考察事物很精细然而行为邪僻，奢侈浪费而导致财物匮乏，喜欢干坏事而党羽很多，贪图便利而陷入迷途，窃据重位而跌入深渊，这都是天下人所厌弃的。

兼服天下之心：高上尊贵不以骄人，聪明圣知不以穷人，齐给速通不争先人，刚毅勇敢不以伤人；不知则问，不能则学，虽能必让，然后为德。遇君则修臣下之义，遇乡则修长幼之义，遇长则修子弟之义，遇友则修礼节辞让之义，遇贱而少者则修告导宽容之义。无不爱也，无不敬也，无与人争也，恢然如天地之苞万物[1]，如是则贤者贵之，不肖者亲之。如是而不服者，则可谓訞怪狡猾之人矣[2]，虽则子弟之中，刑及之而宜。《诗》云："匪上帝不时，殷不用旧。虽无老成人，尚有典刑。曾是莫听，大命以倾。"[3] 此之谓也。

【注释】

① 恢然：宽广的样子。苞：通"包"，包容。

② 訞（yāo）：通"妖"，妖邪，怪异。

③ 匪：通"非"，不。时：通"是"，正确。

【译文】

使全天下的人都心悦诚服的方法是：不因职位高尚、地位尊贵而傲视别人，不因头脑聪明智慧而使人难堪，不因口才流利、反应迅捷而与人争先,不因刚正勇毅、强力果敢而伤害别人;遇到不懂的地方就请教,遇到不会的地方就学习,即使有才干也一定要谦让,这样的举动才算是有德行。对待君主就应该遵循为人臣子的义务去做,对待乡亲就应该按照长幼的辈分去做,对待长者就应该遵照子弟之道去做,对待朋友就应该按照礼节辞让之道去做,对待地位低贱而辈分又小的就应该本着引导宽容之道去做。对人没有不仁爱的,对人没有不恭敬的,不与他人相竞争,心胸如同天地包容万物那般宽广,一个人如果能做到这样,那么有贤德的人就会尊重他,不贤的人也会亲近他。如果这样还有不顺从的人,那么就是那些为非作歹、奸诈狡猾的人了,即使他是自己的亲属,对他处以刑罚也是应该的。《诗经》中说:"这不是老天爷的过错,而是商纣王不遵守先王典章。即使没有了伊尹这样老成持重的大臣,也还有先王的典章制度可供遵循。但商纣王竟然连这些也不听,所以导致了国家的灭亡。"说的就是这种情况。

古之所谓士仕者[1],厚敦者也,合群者也,乐可贵者也,乐分施者也,远罪过者也,务事理者也,羞独富者也。今之所谓士仕者,污漫者也,贼乱者也,恣睢者也,贪利者也,触抵者也,无礼义而唯权势之嗜者也。古之所谓处士者,德盛者也,能静者也,修正者也,知命者也,著是者也。今之所谓处士者,无能而云能者也,无知而云知者也,利心无足而佯无欲者也,行伪险秽而强高言谨悫者也,以不俗为俗,离纵而跂訾者也[2]。

【注释】
① 士仕:王念孙认为当为"仕士",即做官的人。下同。
② 纵:通"踪",车迹。訾:通"跐"(cǐ),走路。

【译文】
古代所说做官的人,是老实忠厚的人,和群众在一起的人,安于财富高位的人,愿意给人恩惠的人,远离罪过的人,研究事物的规律的人,以自己独自富裕为羞耻的人。今天所说做官的人,是欺瞒伪诈的人,为非作歹、破坏捣乱的人,放纵性情胡作非为的人,贪图私利的人,违反法令

荀子

42

的人,不遵循礼义而一心贪图权势的人。古代所说的隐士,是道德高尚的人,安于自己地位的人,行为端正的人,乐天知命不妄求的人,宣扬正确主张的人。今天所说的隐士,是没有能力而自夸有能力的人,无知而自夸有知识的人,贪得无厌却装作没有私欲的人,行为阴险肮脏却硬要自我吹嘘谨慎老实的人,以不合于社会风俗为自己的习俗,故作清高、背离正道而故意显得自己与众不同的人。

士君子之所能不能为:君子能为可贵,不能使人必贵己;能为可信,不能使人必信己;能为可用,不能使人必用己。故君子耻不修,不耻见污;耻不信,不耻不见信;耻不能,不耻不见用。是以不诱于誉,不恐于诽,率道而行①,端然正己,不为物倾侧,夫是之谓诚君子。《诗》云:"温温恭人,维德之基。"此之谓也。

【注释】

① 率:遵循。

【译文】

士君子所能做与不能做的事有:君子能够做到道德高尚,但不能让别人一定尊重自己;能够做到诚实守信,但不能让别人一定相信自己;能够做到具备被人任用的才能,但不能让别人一定任用自己。所以君子以自己品德不好为羞耻,不以被别人污蔑为羞耻;以不讲信义为羞耻,不以不被别人信任为羞耻;以没有才能为羞耻,不以不被别人任用为羞耻。所以君子能不被虚名所诱惑,不被别人的诽谤所吓倒,遵循道义行事,严肃地端正自己的言行,不为外界事物所动摇,像这样才称得上是名副其实的君子。《诗经》中说:"多么宽和恭敬的人啊,这是道德的基础。"说的就是这种人。

士君子之容:其冠进①,其衣逢②,其容良,俨然、壮然、祺然、蕼然③、恢恢然、广广然、昭昭然、荡荡然,是父兄之容也。其冠进,其衣逢,其容悫,俭然、恀然④、辅然、端然、訾然⑤、洞然、缀缀然、瞀瞀然,是子弟之容也。

【注释】

① 进：通“峻”，高。

② 逢：宽大。

③ 葎（sì）然：宽舒的样子。

④ 侈（shì）然：依顺的样子。

⑤ 訾（zī）然：勤勉的样子。

【译文】

士君子的仪容应该是这样的：他的帽子高高，他的衣服宽大，他的容颜和善、庄重、严肃、安详、宽舒、气度恢宏、宽广、明朗、坦荡，这是父兄的仪容。他的帽子高高，他的衣服宽大，他的面容朴实、自谦、依顺、亲切、正直、勤勉、恭敬、柔从、遇到长者不敢直视，这是子弟的仪容。

吾语汝学者之嵬容：其冠绕[①]，其缨禁缓[②]，其容简连；填填然，狄狄然[③]，莫莫然，瞡瞡然[④]，瞿瞿然，尽尽然，盱盱然，酒食声色之中则瞒瞒然，瞑瞑然；礼节之中则疾疾然，訾訾然；劳苦事业之中则儢儢然[⑤]，离离然，偷儒而罔[⑥]，无廉耻而忍谟询[⑦]，是学者之嵬也。

【注释】

① 绕：学者杨倞认为当为“俛”，即低俯。

② 缨：帽带。禁：通“紟”，腰带。

③ 狄狄然：跳跃的样子，这里指不稳重。狄，通“趯”（tì），跳跃。

④ 瞡瞡（guī）然：见识浅陋的样子。瞡，通“规”。

⑤ 儢儢（lǚ）：怠慢的样子。

⑥ 罔：不怕别人议论。

⑦ 谟询（xì gòu）：通“谿诟”，侮辱和谩骂。

【译文】

我告诉你那些所谓学者的丑态：帽子戴得低斜，帽带和腰带系得松松垮垮，态度傲慢；扬扬得意，上蹿下跳，沉默寡言，见识浅薄，左顾右盼，消沉沮丧，直目瞪眼。沉醉迷乱于声色犬马之中；行使礼仪时，总是骂骂咧咧、口出怨言;从事艰苦的劳动时,就散漫懈怠,躲躲藏藏,苟且偷懒而不在乎别人的指责,没有廉耻而能够忍受侮辱和谩骂。这就是那些所谓学者的丑态。

弟佗其冠[①],神襜其辞[②],禹行而舜趋,是子张氏之贱儒也[③]。正其衣冠,齐其颜色,嗛然而终日不言[④],是子夏氏之贱儒也[⑤]。偷儒惮事,无廉耻而耆饮食[⑥],必曰君子固不用力,是子游氏之贱儒也[⑦]。彼君子则不然,佚而不惰[⑧],劳而不僈[⑨],宗原应变,曲得其宜,如是,然后圣人也。

【注释】

① 弟(tuí)佗:颓唐的意思,形容帽子歪斜。

② 神襜(chōng dàn):通"冲淡",形容说话平淡无味。

③ 子张:姓颛孙,名师,字子张,春秋时陈国人,孔子的门人。

④ 嗛(xián)然:口中衔着东西的样子。

⑤ 子夏:姓卜,名商,字子夏,春秋时卫国人(一说为晋国人),孔子的门人。

⑥ 耆:通"嗜",贪欲。

⑦ 子游:姓言,名偃,字子游,春秋时吴国人,孔子的门人。

⑧ 佚:通"逸",安逸。

⑨ 僈:懒惰,懈怠。

【译文】

帽子戴得歪歪斜斜,说话平淡无味,装出一副禹、舜走路的样子,这是子张一类低贱的儒生。衣冠整齐,表情庄重,像口中含着东西一样整天不说话,这是子夏一类低贱的儒生。懒惰懦弱胆小怕事,没有廉耻而好吃懒做,还非要说君子本来就不用劳动,这是子游一类低贱的儒生。而真正的君子却不是这样的,虽然安逸而不懒惰,虽然辛苦却不懈怠,遵守根本原则而又能适应情况的变化,各方面都做得很恰当,能做到像这样,然后才可以成为圣人。

王制

　　请问为政？曰：贤能不待次而举，罢不能不待须而废^①，元恶不待教而诛，中庸民不待政而化。分未定也则有昭缪^②。虽王公士大夫之子孙，不能属于礼义，则归之庶人。虽庶人之子孙也，积文学，正身行，能属于礼义，则归之卿相士大夫。故奸言、奸说、奸事、奸能、遁逃反侧之民，职而教之，须而待之，勉之以庆赏，惩之以刑罚，安职则畜，不安职则弃。五疾^③，上收而养之，材而事之，官施而衣食之，兼覆无遗。才行反时者死无赦。夫是之谓天德，王者之政也。

【注释】

①罢（pí）：通"疲"，软弱。

②昭缪（mù）：通"昭穆"。古代宗庙的排列次序，祖庙居正中，父辈的庙在左叫"昭"，子辈的庙在右为"穆"，以此来分别上下次序。

③五疾：哑、聋、瘸、断臂、侏儒，这里指各种在当时看来有严重残疾的人。

【译文】

　　请问怎样处理政事？回答说：对于德才兼备的人不必按照等级次序而破格提拔，无德无能的人可以立即罢免，罪魁祸首可以不用教育就立刻诛杀，普通百姓不须行政手段而实行教育感化。在名分还没有确定的时候就应该像宗庙有昭穆那样确定等级和次序。即使是王公、士大夫的子孙，如果不能遵守礼法，也要把他们归入平民百姓。即使平民百姓的子孙，只要积累了典章文献方面的知识，而且行为端正，能遵守礼法，就可以把他们归入卿相、士大夫。所以对于那些传播邪恶的言论、鼓吹异端邪说、做邪恶的事、有奸邪的才能、逃亡流窜和反复无常的人，就要让他们强制工作并接受教育，耐心地等待他们的转变，用奖赏激励他们，用刑罚惩处他们，能安心工作的就可以留下，不能安心工作的就予以流放。对于身有五种重大残疾的人，由国家收留并养活他们，根据他们的能力安排工作，官府任用他们并供给衣食，要全面照顾不能遗漏一个人。对于那些用才能和行动与现行制度相对抗的人，要坚决处死不得赦免。这就叫作最高的德，是圣明君王所应该采取的政治举措。

听政之大分：以善至者待之以礼，以不善至者待之以刑。两者分别则贤不肖不杂，是非不乱。贤不肖不杂则英杰至，是非不乱则国家治。若是，名声日闻，天下愿，令行禁止，王者之事毕矣。凡听，威严猛厉而不好假道人①，则下畏恐而不亲，周闭而不竭，若是，则大事殆乎弛，小事殆乎遂②。和解调通，好假道人而无所凝止之，则奸言并至，尝试之说锋起，若是，则听大事烦，是又伤之也。故法法而不议，则法之所不至者必废；职而不通，则职之所不及者必队。故法而议，职而通，无隐谋，无遗善，而百事无过，非君子莫能。故公平者，职之衡也；中和者，听之绳也。其有法者以法行，无法者以类举，听之尽也；偏党而无经，听之辟也③。故有良法而乱者有之矣；有君子而乱者，自古及今，未尝闻也。传曰："治生乎君子，乱生乎小人。"此之谓也。

【注释】

① 假：宽容。

② 遂：通"坠"，废弃。

③ 辟：通"僻"，邪僻，偏邪。

【译文】

处理政事的关键是：对怀着善意而来的人要待之以礼，对不怀好意而来的人要施之以刑。能把这两种情况加以区分，那么德才兼备的人和无德无才的人就不会混杂在一起，是非对错就不会混乱不清了。德才兼备之士和无德无才之人不混杂在一起，那么英雄豪杰自然就会来到；是

王制

非对错不混乱不清，那么国家就能治理好。如果做到这样，声名就会一天天显扬，天下的人就都会仰慕，就能有令必行、有禁必止，圣王的事业也就完成了。大凡处理政事，如果过分威猛严肃激烈严厉而不喜欢宽容引导，那么臣子就会心怀恐惧而不敢亲近，就会隐瞒事实而不把话说完。如果这样，那么大事就会被耽误，而小事则完全落空。处理政事如果一味随和，喜欢宽容处事而没有限度，那么邪恶的言论就会蜂拥而至，试探性的学说也会竞相并起，如果这样，听到的事情太多，政事就会烦琐琐碎，这对处理政事有害无益。所以如果制定了法令而不加以讨论研究，那么法令所没有涉及的事情一定会被抛弃不管；规定了职权范围而不互相沟通，那么职权范围外的地方一定会出现空白。所以制定了法令而又加以讨论研究，规定了职权范围而又相互沟通，这样就不会有被隐瞒的计谋，不会有被遗漏的善行，就能处理任何事情都不会犯错误，不是君子是不能做到这样的。因此公平是行使职权的准则，中和是处理政事的标准。有法令依据的就依法办理，没有法令依据的就按照以类相推的方法处理，这是处理政事最好的办法；偏私而没有原则，这是处理政事的邪路。所以有好的法令而国家发生动乱的情况是有的；有君子而国家混乱的情况，从古到今，却还不曾听说过。古书上说："国家安定产生于君子，国家混乱根源在小人。"说的就是这种情况。

分均则不偏，势齐则不壹，众齐则不使。有天有地而上下有差，明王始立而处国有制。夫两贵之不能相事，两贱之不能相使，是天数也。势位齐而欲恶同，物不能澹则必争①，争则必乱，乱则穷矣。先王恶其乱也，故制礼义以分之，使有贫富贵贱之等，足以相兼临者，是养天下之本也。《书》曰："维齐非齐。"此之谓也。

【注释】

① 澹：通"赡"，满足。

【译文】

职分等同就无法统属，权势等同就不能统一，众人地位相等就谁也不能役使谁。有天地就有上下的分别,圣明的君主自当政之始,治理国家就有了一定的等级制度。同样富贵的两个人谁也不能侍奉谁,一样卑贱的两个人谁也不能役使谁,这是自然的道理。权势地位一样了,所喜好与厌恶的事物也一样,财物不能满足需要就互相争夺,争夺就会导致混乱,混乱就会陷入穷困。前代圣王厌恶这种混乱,所以制定了礼义来加以区分,使人们有了贫与富、贵与贱的分别,足以逐级进行全面的统治,这是治理天下的根本原则。《尚书》中说:"要想整齐就必须不整齐。"讲的就是这个道理。

马骇舆则君子不安舆,庶人骇政则君子不安位。马骇舆则莫若静之,庶人骇政则莫若惠之。选贤良,举笃敬,兴孝弟,收孤寡,补贫穷,如是,则庶人安政矣。庶人安政,然后君子安位。传曰:"君者,舟也;庶人者,水也。水则载舟,水则覆舟。"此之谓也。故君人者欲安则莫若平政爱民矣,欲荣则莫若隆礼敬士矣,欲立功名则莫若尚贤使能矣,是君人者之大节也。三节者当,则其余莫不当矣;三节者不当,则其余虽曲当,犹将无益也。孔子曰:"大节是也,小节是也,上君也。大节是也,小节一出焉,一入焉,中君也。大节非也,小节虽是也,吾无观其余矣。"成侯、嗣公①,聚敛计数之君也,未及取民也;子产②,取民者也,未及为政也;管仲,为政者也,未及修礼也。故修礼者王,为政者强,取民者安,聚敛者亡。故王者富民,霸者富士,仅存之国富大夫,亡国富筐箧,实府库。筐箧已富,府库已实,而百姓贫,夫是之谓上溢而下漏。入不可以守,出不可以战,则倾覆灭亡可立而待也。故我聚之以亡,敌得之以强。聚敛者,召寇、肥敌、亡国、危身之道也,故明君不蹈也。

【注释】

① 成侯、嗣公:都是战国时卫国的君主。嗣公是成侯的孙子。

② 子产:春秋末年郑国大夫,著名的政治家。

【译文】

马在拉车时受惊,那么君子就不能稳坐于车中;百姓在政治上受惊,

王制

那么君子就不能安居于高位。马在拉车时受惊了，那就没有比使它安静下来更好的办法了；百姓在政治上受惊了，那就没有比施与他们恩惠更好的方法了。举用德才兼备的人，提拔朴实忠厚的人，提倡孝顺父母、尊敬兄长，收养孤儿寡妇，接济贫穷的人，如果这样，那么百姓就能安于政治了。百姓安于政治，然后君子就能安于职位了。古书上说："君主如同是船；百姓如同是水。水能浮起船，水也能使船倾覆。"说的就是这个道理。所以统治百姓的君主要想安居高位没有比政事平和、爱护人民更好的办法了，要想荣耀没有比推重礼义、尊敬士人更好的方法了，要想建功立业没有比推崇品德高尚的人、任用有才能的人更好的办法了，这是做好君主的关键。这三个方面处理得恰当，那么其余的方面就没有不恰当的了；这三个方面处理得不恰当，那么其余的方面即使处理得都很恰当，也还是毫无用处。孔子说："大的方面对，小的方面也对，这是上等的君王。大的方面对，小的方面时对时错，这是中等的君王。大的方面不对，小的方面即使对，我也不用看其余的了。"卫成侯、卫嗣公是聚敛钱财、精于算计的君主，没有能够取得民心；子产取得了民心，但政事没有处理好；管仲善于处理政事，但不能遵循礼义行事。所以遵循礼义的国家就能统一天下，善于处理政事的国家就会变得强大，取得民心的国家就能安定，搜刮民财的国家就会灭亡。所以推行王道的君主会使百姓富有，实行霸道的君主会让士人富有，勉强能生存的国家让大夫富有，即将灭亡的国家只是富了君主自己的箱子、充实了国君自己的府库。箱子塞满了，府库充实了，然而百姓却贫穷了，这就叫作上面溢满了而下面漏空了。这样的国家对内不能防守，对外不能征战，那么它的覆亡是立刻就会到了的。所以我聚敛这些财富就会灭亡，敌人得到这些财富就会变得强大。大肆聚敛财富，是引来敌寇、养肥敌人、灭亡本国、危害自身的道路，所以圣明的国君是不会走这条道路的。

王夺之人，霸夺之与，强夺之地。夺之人者臣诸侯，夺之与者友诸侯，夺之地者敌诸侯。臣诸侯者王，友诸侯者霸，敌诸侯者危。用强者，人之城守，人之出战①，而我以力胜之也，则伤人之民必甚矣。伤人之民甚,则人之民恶我必甚矣;人之民恶我甚,则日欲与我斗。人之城守,人之出战,而我以力胜之,则伤吾民必甚矣。伤吾民甚,则吾民之恶我必甚矣;吾民之恶我甚,则日不欲为我斗。人之民日欲与我斗,吾民日不欲为我斗,是强者之所以反弱也。地来而民去,累多而功少,虽守者益,所以守者损,是以大者之所以反削也。诸侯莫不怀交接怨而不忘其敌②,伺强大之间,承强大之敝,此强大之殆时也。知强大者不务强也③,虑以王命全其力,凝其德。力全则诸侯不能弱也,德凝则诸侯不能削也,天下无王霸主则常胜矣。是知强道者也。

【注释】

① 出:学者俞樾认为当为"士"字。下同。

② 怀交接怨:学者俞樾认为当为"怀怨交接",心怀怨恨而表面相结交。

③ 强大:学者王引之认为当为"强道",强大之道。

【译文】

要称王天下的国家会和别国争夺人心,要称霸诸侯的国家会和别国争夺同盟国,要以力胜人的国家和别国争夺土地。争夺人心的国家可以使诸侯宾服,争夺盟国的国家可以与诸侯为友,争夺土地的国家会与诸侯成为敌国。使诸侯宾服的国家可以称王天下,与诸侯为友的国家可以称霸诸侯,与诸侯为敌的国家就要遭遇危险。使用武力争夺土地的国家,对方的城池防守严密,对方的士兵拼命战斗,而我用武力战胜他们,那么必然会严重杀伤对方的民众。严重杀伤对方的民众,那么对方的民众也一定十分强烈地怨恨我;对方的民众强烈地怨恨我,就会天天想与我战斗。对方的城池防守严密,对方的士兵拼命战斗,那么自己的民众也一定受到严重杀伤。自己的民众受到严重杀伤,那么自己的民众也一定会十分强烈地怨恨我;自己的民众强烈地怨恨我,就会天天不想为我战斗。对方的民众天天想与我战斗,而自己的民众天天不想为我战斗,这就是强国变成弱国的原因。夺得了土地而失去了人心,增加了负担而减少了功效，虽然所守的土地增多了，而守卫土地的百姓却减少了，这是大国反而变弱的原因。诸侯国没有不互相结交的，联合那些对强国心怀怨恨的国家，而不忘记它们的敌国，时刻窥伺着强国的可乘之机，趁着强国衰弱之时来进攻，这就是强国危险的时候了。懂得强大之道的君主不追求以武力胜人，而是考虑利用王命来保全自己的力量、累积自己的德行。力量保全了，那么诸侯国就不能使它衰弱了，德行积累了，那么诸侯国就不能削弱它了，此时如果天下没有王者或霸主，那么他就能常常取胜了。这就是懂得强大之道的君主。

彼霸者不然，辟田野，实仓廪，便备用，案谨募选阅材伎之士①，然后渐庆赏以先之，严刑罚以纠之。存亡继绝，卫弱禁暴，而无兼并之心，则诸侯亲之矣；修友敌之道以敬接诸侯，则诸侯说之矣。所以亲之者，以不并也，并之见则诸侯疏矣；所以说之者，以友敌也，臣之见则诸侯离矣。故明其不并之行，信其友敌之道，天下无王，霸主则常胜矣。是知霸道者也。闵王毁于五国②，桓公劫于鲁庄③，无它故焉，非其道而虑之以王也。彼王者不然，仁眇天下，义眇天下，威眇天下。仁眇天下，故天下莫不亲也；义眇天下，故天下莫不贵也；威眇天下，故天下莫敢敌也。以不敌之威，辅服人之道，故不战而胜，不攻而得，甲兵不劳而天下服。是知王道者也。知此三具者，欲王而王，欲霸而霸，欲强而强矣。

【注释】

① 案：语助词。选阅：选拔，挑选。伎：通"技"，技能，才干。

② 闵王毁于五国：指齐闵王(也作齐湣王)四十年，燕国将领乐毅联合赵、楚、魏、秦国兵攻破齐国，齐闵王奔逃到莒国。

③ 桓公劫于鲁庄：指公元前681年，齐桓公与鲁庄公于柯结盟，齐桓公被鲁国臣子曹沫劫持，被迫答应归还鲁国的汶阳。

【译文】

那些信奉霸道的君主就不这样，他们开荒种田，充实粮仓，改进器具

荀子

装备,谨慎地选择和招募武艺高强的人,然后以重赏来诱导他们,以严刑来纠正他们。使将要覆灭的国家得以保存,使已经灭亡的国家的后代得以延续,保卫弱小的国家,制止强暴的国家,却没有吞并别国的野心,那么诸侯就会亲近他;以友好平等的态度同力量相匹敌的诸侯国相交往,诸侯就会喜欢他。诸侯之所以亲近他,是因为他不兼并别国,如果显现出兼并的意图,诸侯就会疏远他;诸侯之所以喜欢他,是因为他态度友好平等,如果显现出使他国宾服之心,诸侯就会背离他。所以如果信奉霸道的君主表明自己不会有兼并他国的行为,信守友好平等的原则,此时如果天下没有成就王业的君主,那么奉行霸道的君主就会常常取胜了。这就是懂得称霸之道的君主。齐闵王被五国联军毁灭,齐桓公被鲁庄公的大臣曹沫劫持,没有其他的缘故,就是因为他们没有实行王道却想称王天下。那些奉行王道的人却不是这样的,他的仁爱高于天下,道义高于天下,威望高于天下。仁爱高于天下,所以天下之人没有不亲近他的;道义高于天下,所以天下没有谁不尊重他的;威望高于天下,所以天下人没有敢与他为敌的。以无敌的威望,辅之以仁义之道,所以不用战斗就能取得胜利,不用攻打就可以得到想要的,不动用一兵一卒能使天下宾服。这就是懂得称王之道的君主。懂得以上这三种治国之道的君主,可以想称王就称王,想称霸就称霸,想强大就强大。

王者之人:饰动以礼义 ①,听断以类,明振毫末,举措应变而不穷。夫是之谓有原。是王者之人也。

【注释】

① 饬:通"饬",整饬,约束。

【译文】

奉行王道之人应该是这样的:能用礼义来端正自己的行为,用法令来处理政事,明察如秋毫般微小的事物,能随时根据各种变化采取相应的措施而不至于手足无措。这就叫作掌握了政事的根本。这就是奉行王道的君主。

王者之制：道不过三代①，法不贰后王。道过三代谓之荡，法贰后王谓之不雅。衣服有制，宫室有度，人徒有数，丧祭械用皆有等宜，声则凡非雅声者举废，色则凡非旧文者举息，械用则凡非旧器者举毁。夫是之谓复古。是王者之制也。

【注释】

① 三代：指夏、商、周三个朝代。

【译文】

奉行王道之人的制度：处理政事的原则不能超过夏商周三代，法度不能背离后王。处理政事的原则超过夏商周三代就叫作流荡，法度背离后王就叫作不正。不同等级的人所穿衣服有一定的规定，所住宫室有一定的标准，所配随从有一定的数目，所用丧葬祭祀的礼器都有一定的等级，凡是不符合正声雅乐的音乐都要废除，凡是不同于原来色彩的颜色全部禁止，凡是不同于古代器具式样的器具都要毁弃。这就叫作复古。这就是奉行王道的君主所实行的制度。

王者之论①：无德不贵，无能不官，无功不赏，无罪不罚，朝无幸位，民无幸生。尚贤使能而等位不遗，析愿禁悍而刑罚不过②，百姓晓然皆知夫为善于家而取赏于朝也，为不善于幽而蒙刑于显也。夫是之谓定论。是王者之论也。

【注释】

① 论：通"伦"，类别。

② 析愿：学者王念孙认为当为"折愿"，制裁狡诈的人。愿，通"原"，狡诈。折，抑制。

【译文】

奉行王道之人所施行的用人方针：没有德行的人就不能让他身份尊贵，没有才能的人就不能让他当官，没有功劳的人就不能得到奖赏，没有罪过的人就不能施加刑罚，朝廷上没有人能侥幸得到官位，百姓中没有

荀子

人能游手好闲而侥幸生存，崇尚德才兼备的人、任用有才干的人，使授予的等级和地位能与此人的德才相称而没有遗漏，制裁奸诈的人、禁止凶暴的人，而刑罚与罪过相适当，百姓都明白地知道，即使在家里做修德行善，也能得到朝廷的奖赏，即便在暗地里为非作歹，也会在众人跟前受到惩罚。这就叫作确定不移的准则。这就是奉行王道的君主所施行的用人方针。

王者之法：等赋、政事^①，财万物，所以养万民也。田野什一，关市几而不征，山林泽梁以时禁发而不税，相地而衰政^②。理道之远近而致贡，通流财物粟米，无有滞留，使相归移也^③。四海之内若一家，故近者不隐其能，远者不疾其劳，无幽闲隐僻之国莫不趋使而安乐之。夫是之谓人师。是王者之法也。

【注释】

① 政：通“正”，处理。

② 衰（cuī）：差别。政：通“征”，征税。

③ 归（kuì）：通“馈”，交换。

【译文】

奉行王道的君主所施行的法度：按等级规定赋税，处理好民众事务，管理好万物，这是用以抚育万民的方法。农田按十分之一的比例征税，对于关卡和市场只监察而不征税，按时封闭和开放山林湖泊而不征税，根据土地的肥瘠程度不同而分别征税，区分道路的远近不同交纳贡品，要使财物粮食流通顺畅而没有滞留积压，使各地可以互通有无。四海之内就如同是一家人，所以近处的人不隐藏自己的才干，远处的人对往来奔波的劳苦也没有怨言，不管多么遥远偏僻的国家没有不乐于前来归附、听从役使的。这就叫作人民的师表。这就是奉行王道的君主所施行的法度。

北海则有走马吠犬焉，然而中国得而畜使之；南海则有羽翮、齿革、曾青、丹干焉 ①，然而中国得而财之；东海则有紫、绤、鱼、盐焉 ②，然而中国得而衣食之；西海则有皮革、文旄焉 ③，然而中国得而用之。故泽人足乎木，山人足乎鱼，农夫不斫削、不陶冶而足械用，工贾不耕田而足菽粟。故虎豹为猛矣，然君子剥而用之。故天之所覆，地之所载，莫不尽其美，致其用，上以饰贤良，下以养百姓而安乐之。夫是之谓大神。《诗》曰："天作高山，大王荒之。彼作矣，文王康之。" ④ 此之谓也。

【注释】

① 曾青：又称铜精，即碳酸铜的化合物，可以用于绘画。丹干：朱砂。

② 紫：通"缔"（chī），细麻布。绤：学者王引之认为当为"绤"（xì）字，指粗麻布。

③ 文旄（máo）：染上色彩的牦牛尾。

④ 大王：太王，即古公亶（dǎn）父，是周文王的祖父。

【译文】

北部地区出产快马和猎犬，然而中原地区可以得到并驯养、役使它们；南部地区出产羽毛、象牙、犀牛皮、曾青和丹砂，然而中原地区可以得到并使用它们；东部地区出产粗细麻布、鱼和盐，然而中原地区可以得到并用它们制衣和食用；西部地区出产皮革和牦牛尾，然而中原地区可以得到并使用它们。所以水边捕鱼的人能有足够用的木材，山上伐木的人能有足够吃的鱼，农民不用砍伐切削、不用烧窑冶炼也能有足够使用的器具，工匠和商人不用种地也能有足够吃的粮食。虎豹要算是凶猛的动物了，然而君子能够剥下它们的皮来使用。所以天所覆盖的、地所承载的万物，没有什么东西不充分展现出它们的优点、发挥它们的效用的，对上可以作为贤良之人的装饰，对下可以养育百姓使他们安乐。这就叫作大治。《诗经》中说："上天创造了这座高山，太王将它开辟。太王已经开创的基业，文王使它平安。"讲的就是这个道理。

以类行杂，以一行万，始则终，终则始，若环之无端也，舍是而天下以衰矣。天地者,生之始也;礼义者,治之始也;君子者,礼义之始也。为之,贯之,积重之,致好之者,君子之始也。故天地生君子,君子理天地。君子者,天地之参也,万物之总也,民之父母也。无君子则天地不理,礼义无统,上无君师,下无父子,夫是之谓至乱。君臣、父子、兄弟、夫妇,始则终,终则始,与天地同理,与万世同久,夫是之谓大本。故丧祭、朝聘、师旅一也,贵贱、杀生、与夺一也,君君、臣臣、父父、子子、兄兄、弟弟一也,农农、士士、工工、商商一也。

【译文】

以各类事物的总法则去处理纷繁复杂的事物,用统领一切的原则统率万事万物,由始而终,由终而始,循环往复就像圆环一样没有尽头,如果舍弃了这一原则,那么天下就要衰亡了。天地,是生命的本源;礼义,是国家长治久安的本源;君子,是礼义的本源。实行礼义,贯彻礼义,不断积累礼义,极其喜爱礼义,这是做君子的根本。所以天地生养君子,君子管理天地。君子,与天地相配合,是万物的总领,百姓的父母。假如没有君子,那么天地就得不到管理,礼义就没有头绪,上没有君师的尊严,下没有父子的伦常,这就叫作大乱。君臣、父子、兄弟、夫妻之间的伦理关系,由始而终,周而复始,与天地有上下之分是同样的道理,与万世一起长存,这就叫作最大的根本。所以丧葬、祭祀、朝聘和军队的礼仪,其道理都是一样的;贵与贱、杀与生、给与夺,其道理也都是一样的;君主要像个君主、臣子要像个臣子、父亲要像个父亲、子女要像个子女、兄长要像个兄长、弟弟要像个弟弟,其道理都是一样的;农民要像个农民、士人要像个士人、工匠要像个工匠、商人要像个商人,其道理也都是一样的。

水火有气而无生[1],草木有生而无知,禽兽有知而无义,人有气、有生、有知,亦且有义,故最为天下贵也。力不若牛,走不若马,而牛马为用,何也? 曰:人能群,彼不能群也。人何以能群? 曰:分。分何以能行? 曰:义。故义以分则和,和则一,一则多力,多力则强,

王制

57

强则胜物,故宫室可得而居也。故序四时,裁万物,兼利天下,无它故焉,得之分义也。故人生不能无群,群而无分则争,争则乱,乱则离,离则弱,弱则不能胜物,故宫室不可得而居也,不可少顷舍礼义之谓也。能以事亲谓之孝,能以事兄谓之弟,能以事上谓之顺,能以使下谓之君。君者,善群也。群道当则万物皆得其宜,六畜皆得其长②,群生皆得其命。故养长时则六畜育,杀生时则草木殖,政令时则百姓一,贤良服。

【注释】

① 气:古代一些思想家认为气是一种原始物质,由气构成了万物。

② 六畜:指猪、羊、牛、马、鸡、狗六种牲畜。

【译文】

水火有气却没有生命,草木有生命却没有知觉,禽兽有知觉却没有道义,人有气、有生命、有知觉,而且也有道义,所以是世间最尊贵的。人的力气不如牛大,奔跑起来不如马快,而牛、马却为人所驱使,这是什么原因呢?回答是:人能结合成社会群体,而牛、马不能。人为什么能结成社会群体呢?回答是:因为人有等级名分。等级名分为什么能够实行呢?回答是:因为人有道义。所以能用道义来区分等级名分,人们就能协调和睦,协调和睦就可以团结一致,团结一致力量就大,力量大就强盛,强盛了就可以战胜外物,所以人们才能够建立宫室并在其中居住。所以人们才能根据四季的顺序,管理万事万物,使天下人都受益,没有其他原因,就是因为人有了名分和道义的缘故。所以人要生存就不能没有群体,有了群体而没有等级名分就会发生争斗,争斗就会产生混乱,混乱就会引起离散,离散就会削弱力量,力量削弱了就不能战胜外物,所以也就不能在宫室中居住了,这就是说人片刻也不可以舍弃礼义。能够按照礼义来侍奉父母就叫作"孝",能够按照礼义来侍奉兄长就叫作"悌",能够按照礼义来侍奉君主就叫作"顺",能够按照礼义来役使臣民的就叫作"君"。所谓君,就是善于把人组织成社会群体的意思。如果组织群体的方法得当,那么万物就都能得到合理的安排,六畜就都能得以生长,一切生物就都能生存到各自的寿命。所以饲养生长适时，六畜就会繁衍兴旺；砍伐种植适时，草木就会繁殖茂盛；政策法令适时，百姓就能行动一致，贤良之人就会服从。

圣王之制也，草木荣华滋硕之时则斧斤不入山林，不夭其生，不绝其长也；鼋鼍、鱼鳖、鳅鳝孕别之时①，罔罟毒药不入泽，不夭其生，不绝其长也；春耕、夏耘、秋收、冬藏四者不失时，故五谷不绝而百姓有余食也；洿池、渊沼、川泽谨其时禁②，故鱼鳖优多而百姓有余用也；斩伐养长不失其时，故山林不童而百姓有余材也③。圣王之用也，上察于天，下错于地，塞备天地之间，加施万物之上，微而明，短而长，狭而广，神明博大以至约。故曰：一与一，是为人者谓之圣人。

【注释】

① 鼋(yuán)：大鳖。鼍(tuó)：鳄鱼的一种，俗称猪婆龙。

② 洿(wā)池：池塘，水塘。

③ 童：指山上没有草木。

【译文】

圣明的君王的制度是，当草木正在开花结果的时候，砍伐树木的斧头就不允许进入山林，为的是不使草木早早夭折，不断绝草木的生长；当鼋、鼍、鱼、鳖、泥鳅、鳝鱼等水生动物产卵的时候，渔网和毒药不允许投入湖泽，为的是不使它们早早夭折，不断绝它们的生长；春天耕种、夏天锄草、秋天收获、冬天贮藏，这四件事都不能错过相应的时节，所以五谷就不会断绝生长，而百姓也有多余的粮食；池塘、湖泊、河泽严格禁止在特定时期内捕捞，所以鱼鳖数量繁多，而百姓也吃不尽用不完；砍伐和种植树木不错过相应的时节，所以山林就不会光秃秃的，而百姓也有多余的木材可用。圣明君王的作用是，上明察天时变化，下安排土地开发，充盈于整个天地之间，施加于万物之上，细微而又显著，短暂而又深长，狭小而又广阔，神明博大而又极其简要。所以说：能够用道义去统率一切的人就叫作圣人。

序官：宰爵知宾客、祭祀、飨食、牺牲之牢数①，司徒知百宗、城郭、立器之数②，司马知师旅、甲兵、乘白之数③。修宪命，审诗商，禁淫声，以时顺修，使夷俗邪音不敢乱雅，大师之事也。修堤梁，通沟浍，行水潦，安水臧，以时决塞，岁虽凶败水旱，使民有所耘艾，司空之事也④。相高下，视肥垆，序五种，省农功，谨蓄藏，以时顺修，使农夫朴力而寡能，治田之事也。修火宪，养山林薮泽草木鱼鳖百索⑤，以时禁发，使国家足用而财物不屈，虞师之事也。顺州里，定廛宅⑥，养六畜，闲树艺，劝教化，趋孝弟⑦，以时顺修，使百姓顺命，安乐处乡，乡师之事也。论百工，审时事，辨功苦，尚完利，便备用，使雕琢文采不敢专造于家，工师之事也。相阴阳，占祲兆⑧，钻龟陈卦，主禳择五卜⑨，知其吉凶妖祥，伛巫、跛击之事也⑩。修采清⑪，易道路，谨盗贼，平室律，以时顺修，使宾旅安而货财通⑫，治市之事也。抃急禁悍⑬，防淫除邪，戮之以五刑⑭，使暴悍以变，奸邪不作，司寇之事也⑮。本政教，正法则，兼听而时稽之，度其功劳，论其庆赏，以时慎修，使百吏免尽而众庶不偷，冢宰之事也⑯。论礼乐，正身行，广教化，美风俗，兼覆而调一之，辟公之事也。全道德，致隆高，綦文理，一天下，振毫末，使天下莫不顺比从服，天王之事也。故政事乱，则冢宰之罪也；国家失俗，则辟公之过也；天下不一，诸侯俗反，则天王非其人也。

【注释】

①宰爵：官名，负责宰杀牲畜以供接待宾客和祭祀。牺牲：古代把祭祀用的猪、牛、羊等称为牺牲。

②司徒：主管民政的最高长官。百宗：百族，百姓。宗，族。

③司马：主管军队的最高长官。乘：古代四马一车叫"乘"。白：通"伯"。古代军队编制，百人为"伯"。

④司空：主管土木工程的最高长官。

⑤索：学者王引之认为当为"素"字，蔬菜。

⑥廛（chán）：古代城市百姓住的房子。

⑦ 趣：促使，敦促。

⑧ 祲（jìn）：一种气象现象，古人认为是由于阴阳二气互相作用而形成的，可以预示吉凶。

⑨ 五卜：指占卜时出现的雨（雨天）、霁（晴天）、蒙（阴天）、驿（阴晴各半）、克（各种卦象混杂）五种兆形。

⑩ 击：通"觋"（xí），古代从事占卜等活动的男子称为"觋"。

⑪ 採：学者俞樾认为当为"堁"字，坟墓。清：通"圊"（qīng），厕所。

⑫ 宾：学者王引之认为当为"商"字，商人。

⑬ 扴急：学者王念孙认为当为"折愿"，制裁奸诈的人。

⑭ 五刑：指古代的五种刑罚，分别是墨（在脸上刺字）、劓（yì，割鼻子）、刖（fèi，断脚）、宫（阉割）、大辟（砍头）。

⑮ 司寇：掌管刑罚的最高长官。

⑯ 冢宰：宰相。

【译文】

叙述官吏的职能和权责：宰爵主管接待宾客和祭祀时酒食和祭品的数量，司徒主管宗族、城郭、陈列器械的数量，司马主管军队、铠甲兵器、车马士兵的数量。制定法令文告，审查诗歌乐章，禁绝淫邪的音乐，按时整顿治理，使蛮夷的风俗和邪恶的音乐不敢扰乱雅乐正声，这就是太师的职能。维修堤坝桥梁，疏通排灌沟渠，排除洪涝积水，修固水库，根据时节来决口泄洪或堵塞，即使遇到歉收饥荒、干旱洪涝之年，也使百姓能继续有所耕耘和收获，这就是司空的职能。观察地势的高低，分辨土壤的肥瘠，依据时令安排各种庄稼的种植，检查农业的生产状况，谨慎贮藏储备，按时整顿治理，使农民淳朴地尽力耕作而不必掌握其他技能，这是田官的职能。制定防火的法令，保护山林、沼泽、湖泊中的草木、鱼鳖和各种蔬菜，根据时节禁林、禁渔或开放，使国家财物充足而不会匮乏，这是虞师的职能。治理乡里百姓，规定宅地界限，饲养六畜，学习种植的技艺，勉力教化百姓，督促人们孝悌，按时整顿治理，使百姓服从命令、安乐地住在乡里，这就是乡师的职能。考核各种工匠，根据时节安排要做的事，分辨产品的优劣，注重产品的坚固和适用，方便器械的使用，使工匠

61

不敢私自在家里雕琢器具、裁制有彩色花纹的礼服,这就是工师的职能。观察阴阳的变化,看云气预测吉凶,钻龟甲占卜、用蓍草算卦,掌管祛除不祥、择取吉日,预知吉凶祸福,这就是驼背的巫婆和跛足的男觋的职能。整治坟墓、厕所,平整道路,严防盗贼,平衡物价,按时整顿治理,保证商人和旅客的安全,使货财顺畅流通,这就是治市的职能。制裁奸诈之徒、禁止凶暴之徒,防止淫荡之事、铲除奸邪之人,用五种刑罚来惩治犯罪的人,使凶悍强暴的人得以转变,奸邪之事不再发生,这就是司寇的职能。以政治教化为根本,端正法令准则,广泛听取意见并且按时考察臣民,衡量他们的功劳,根据表现评定奖赏,按时整顿治理,使百官尽心竭力而百姓也不苟且偷生,这就是冢宰的职能。讲究礼乐规范,端正所作所为,推行教化,美化社会风俗,全面地照顾百姓并使他们协调一致,这就是诸侯的职能。完善道德,极其推崇礼义,追求礼法制度的完备,统一天下,明察秋毫,使天下人没有不顺从归服的,这就是天子的职能。所以政事混乱就是冢宰的罪过;国家的风俗败坏就是诸侯的罪过;天下不统一,诸侯想反叛,那么就是因为天子不是合适的人选。

具具而王①,具具而霸,具具而存,具具而亡。用万乘之国者,威强之所以立也,名声之所以美也,敌人之所以屈也,国之所以安危臧否也,制与在此②,亡乎人。王、霸、安存、危殆、灭亡,制与在我,亡乎人。夫威强未足以殆邻敌也,名声未足以县天下也,则是国未能独立也,岂渠得免夫累乎③!天下胁于暴国,而党为吾所不欲于是者④,日与桀同事同行,无害为尧,是非功名之所就也,非存亡安危之所堕也⑤。功名之所就,存亡安危之所堕,必将于愉殷赤心之所。诚以其国为王者之所,亦王;以其国为危殆灭亡之所,亦危殆灭亡。

【注释】

① 具具:前一个"具"字为动词,意为具备;后一个"具"字为名词,指条件。

② 与：通“举”，全、都。

③ 渠：通“讵”，难道、怎么。

④ 党：通“倘”，假如、如果。

⑤ 堕：学者俞樾认为当为“随”字，跟随。

【译文】

具备了王者的条件就能够称王天下，具备了霸者的条件就能够称霸诸侯，具备了生存的条件就能够维持生存，具备了灭亡的条件就必然遭遇灭亡。治理拥有万辆兵车的大国的君主，他威武强大的地位之所以能够确立，名声之所以美好，敌人之所以屈服，国家之所以安定繁荣，决定的关键在于自身而不在于他人。能否称王称霸，是安全、生存，还是危险、灭亡，决定的关键在于自身而不在于他人。如果一个国家的威武强大不足以威胁邻国，名声不足以使天下仰慕，那么它就还不能完全独立于天下，又怎么能消除祸患呢！天下为强暴的国家所威胁，假如这不是我愿意看到的情况，即使每天被迫与桀一样的暴君一起做事，也不会妨碍自己成为尧一样的圣人，但这并不是一个人功成名就的关键，也不是国家安危存亡的原因。个人功成名就的关键，国家生死存亡的原因，必然取决于在国家强盛时你的志向之所在。如果确实想把自己的国家作为奉行王者之道的地方，那么就可以称王天下；如果想把自己的国家作为危险灭亡的地方，那就一定会遭遇危险灭亡。

殷之日，案以中立无有所偏而为纵横之事①，偶然案兵无动，以观夫暴国之相卒也②。案平政教，审节奏，砥砺百姓，为是之日，而兵刬天下劲矣③；案然修仁义，伉隆高④，正法则，选贤良，养百姓，为是之日，而名声刬天下之美矣。权者重之，兵者劲之，名声者美之，夫尧、舜者，一天下也，不能加毫末于是矣。权谋倾覆之人退，则贤良知圣之士案自进矣；刑政平，百姓和，国俗节，则兵劲城固，敌国案自诎矣；务本事，积财物，而勿忘栖迟薛越也⑤，是使群臣百姓皆以制度行，则财物积，国家案自富矣。三者体此而天下服，暴国之君案自不能用其兵矣。何则？彼无与至也。彼其所与至者，

王制

必其民也,其民之亲我也欢若父母,好我芳若芝兰;反顾其上则若灼黥,若仇雠。彼人之情性也虽桀、跖,岂有肯为其所恶贼其所好者哉!彼以夺矣。故古之人有以一国取天下者,非往行之也,修政其所莫不愿,如是而可以诛暴禁悍矣。故周公南征而北国怨,曰:"何独不来也?"东征而西国怨,曰:"何独后我也?"孰能有与是斗者与?安以其国为是者王。

【注释】

① 案:语助词。下同。

② 牵:通"捽"(zuó),冲突、争斗。

③ 剸(zhuān):通"专",是。劲:强劲有力。学者王先谦认为"劲"前当脱一"之"字。

④ 伉:通"亢",极。

⑤ 薛越:通"屑越",指散乱。

【译文】

在国家富强的时候,要保持中立的态度,不要有所偏向而去干合纵连横的事,要偃旗息鼓、按兵不动,来旁观残暴的国家之间的相互争斗。要平定政治教化,审察礼乐的节奏,训练百姓,当做到了这一点的时候,那么这个国家的兵力就是天下最强大的了;实行仁义之道,推崇礼义,修正法律条文,选拔贤良之人,养育百姓,当做到了这一点的时候,那么这个国家的名声就是天下最美好的。权力稳固,军队强大,声名美好,即使是像尧、舜那样统一天下的人,也不能再对此增加丝毫了。玩弄权术阴谋、倾轧别人的小人被斥退,那么贤德善良、圣哲明智的君子自然就会到来了;刑罚政令公正平和,百姓和睦相处,国家的风俗崇尚节俭,那么兵力就会强大、城防就坚固,敌国自然就会屈服;致力于农业生产,积蓄贮藏财物,而不要随便糟蹋浪费,使群臣百姓都能遵照制度办事,那么财物就能得到积聚,国家自然就会变得富裕。以上三个方面都能做到的国家,天下就会对它臣服了,暴国的君主自然不能对它动兵了。这是什么原因呢?因为没有人跟从他来一起攻打我国了。跟他一起来的,一定是受他统治的百姓,但他统治的百姓亲近我就如同亲近自己的父母一样,喜爱我就如同喜爱芝兰的芳香一样;反观统治他们的君主,就如同看到皮肤被灼烧、脸上被刺字一样害怕,就如同看到仇敌一样愤恨。即便人的情性像夏桀、盗跖一样,又怎么肯为他所憎恨的人去残害他所喜爱的人呢!暴君统治下的百姓已经被我们争取过来了。所以古代的人有凭一个国家就取得天下的,并不是凭借武力发兵去征服,而是搞好国内的政治使天下人没有不羡慕的,像这样就可以诛灭强暴的国家、阻止凶悍的国家了。所以周公征讨南方时北方的国家埋怨说:"为何偏偏不来我们这里呢?"征讨东方时西边的国家埋怨说:"为何唯独把我们丢在后边呢?"谁又可以和这样的人争斗呢?治理自己的国家把它变成这样的君主就可以称王天下了。

殷之日,安以静兵息民,慈爱百姓,辟田野,实仓廪,便备用,安谨募选阅材伎之士;然后渐赏庆以先之,严刑罚以防之,择士之知事者使相率贯也,是以厌然畜积修饰而物用之足也。兵革器械者,彼将日日暴露毁折之中原,我今将修饰之,拊循之①,掩盖之于府库;货财粟米者,彼将日日栖迟薛越之中野,我今将畜积并聚之于仓廪;材技股肱、健勇爪牙之士②,彼将日日挫顿竭之于仇敌,我今将来致之、并阅之、砥砺之于朝廷③。如是,则彼日积敝,我日积完;彼日积贫,我日积富;彼日积劳,我日积佚。君臣上下之间者,彼将厉厉焉日日相离疾也,我今将顿顿焉日日相亲爱也④,以是待其敝。安以其国为是者霸。

【注释】

① 拊循:安抚、爱护。

② 股:大腿。肱(gōng):上臂。此处指得力的大臣。

③ 来:通"徕",招揽。

④ 顿顿:诚恳敦厚的样子。顿,通"敦",敦厚。

【译文】

当国家强盛的时候,要维持安定的局面,停止用兵,使百姓得以休养

王制

生息，要仁慈爱护百姓，开垦荒地为良田，充实粮仓府库，改进器用装备，谨慎地招募、选拔武艺高强之士；然后用重奖赏赐来引导他们，用严刑峻法来防范他们，选拔这些人中明达事理的人来领导、统率他们，这样就可以放心地积蓄粮食财物、改进工具器械，财物器用就能十分充足了。武器兵革、军械装备之类的东西，其他国家一天天地将它们丢弃毁坏在旷野之中，而我们却修理改进它们、爱护保养它们，把它们保存储藏在仓库中；粮食财物之类的东西，其他国家一天天地把它们浪费、糟蹋在旷野中，而我们却把它们积蓄储藏在粮仓中；才干过人的得力之士、刚健勇猛的武士，其他国家一天天地让他们同仇敌作战而筋疲力尽，而我们却在朝廷上招募他们、接纳他们、激赏勉励他们。像这样，其他国家就会一天天衰落下去，我们的国家就会一天天完好起来；其他国家就会一天天越来越贫穷，我们的国家就会一天天越来越富裕；其他国家就会一天天越来越劳苦，我们的国家就会一天天越来越安逸。至于君主和臣子、上级下级之间，其他国家将会恶狠狠地一天天互相疏远嫉恨，我们的国家却会诚恳地一天天相亲相爱，以此来等待敌国的衰败。能把国家治理成这样的君主就可以称霸诸侯了。

立身则从佣俗[1]，事行则遵佣故，进退贵贱则举佣士，之所以接下之人百姓者则庸宽惠，如是者则安存。立身则轻楛，事行则蠲疑[2]，进退贵贱则举佞侻[3]，之所以接下之人百姓者则好取侵夺，如是者危殆。立身则𢐆暴，事行则倾覆，进退贵贱则举幽险诈故，之所以接下之人百姓者，则好用其死力矣，而慢其功劳，好用其籍敛矣，而忘其本务，如是者灭亡。此五等者，不可不善择也，王霸、安存、危殆、灭亡之具也。善择者制人，不善择者人制之；善择之者王，不善择之者亡。夫王者之与亡者，制人之与人制之也，是其为相县也亦远矣。

【注释】

① 佣：通"庸"，平庸，平常。

② 蠲(juān)疑：迟疑的样子。

③ 侻：通"锐"，指口才好。

【译文】

立身就依从日常的风俗习惯，行事就遵循平常的成规惯例，在用人方面就举荐普通人，对待下属和百姓则宽容仁厚施予恩惠，像这样做的人就能安全生存。立身则轻率恶劣，行事则迟疑不决，在用人方面则举荐能花言巧语的奸佞小人，对待下属百姓则侵占劫夺他们的权益，像这样做的人就会遭遇危险。立身则骄傲暴虐，行事则搞倾轧陷害，在用人方面则任用阴险奸诈的人，对待下属和百姓则只想让他们为自己卖命而不顾他们的功劳，只想对他们横征暴敛而不顾他们的本业，像这样行事的人就会遭遇灭亡。以上的这五种做法，不能不好好地加以选择，这是称王天下，称霸诸侯，安然存活，遭遇危险，或导致灭亡的条件。善于选择的人就可以制服别人，不善于选择的人就会被别人所制服；善于选择的人就能称王天下，不善于选择的人就会遭遇灭亡。称王天下和遭遇灭亡，制服别人和被别人制服，这两者之间实在相差太远了。

王
制

天论

天行有常,不为尧存,不为桀亡。应之以治则吉,应之以乱则凶。强本而节用,则天不能贫;养备而动时,则天不能病;修道而不贰①,则天不能祸。故水旱不能使之饥渴,寒暑不能使之疾,祅怪不能使之凶②。本荒而用侈,则天不能使之富;养略而动罕③,则天不能使之全;倍道而妄行,则天不能使之吉。故水旱未至而饥,寒暑未薄而疾④,祅怪未至而凶。受时与治世同,而殃祸与治世异,不可以怨天,其道然也。故明于天人之分,则可谓至人矣。不为而成,不求而得,夫是之谓天职。如是者,虽深,其人不加虑焉;虽大,不加能焉;虽精,不加察焉。夫是之谓不与天争职。天有其时,地有其财,人有其治,夫是之谓能参。舍其所以参而愿其所参,则惑矣。列星随旋,日月递炤⑤,四时代御,阴阳大化,风雨博施,万物各得其和以生,各得其养以成,不见其事而见其功,夫是之谓神。皆知其所以成,莫知其无形,夫是之谓天。唯圣人为不求知天。

【注释】

① 修:学者王念孙认为当为"循"字,遵循。贰:学者王念孙认为当为"忒"字,差错。

② 祅(yāo):通"妖",怪异。

③ 略:减少、不足。罕:稀少。

④ 薄:迫近。

⑤ 炤:通"照",照耀。

【译文】

天道有它固有的规律,不会因为尧而存在,也不会因为桀而消亡。

用安定来应对它就吉利,用昏乱来应对它就凶险。如果加强农业生产而节省费用,那么即使是上天也不能使他贫穷;衣食充足而能按时劳动,那么即使是上天也不能使他生病;遵循大道而专心一意,那么即使是上天也不能使他遭殃。所以水旱等灾还不能使他遭遇饥馑,严寒酷暑不能使他生病,妖魔鬼怪不能使他遭遇凶险。如果农业荒废而花费奢侈,那么即使是上天也不能使他富有;衣食不足而又好吃懒做,那么即使是上天也不能使他健康;违背大道而恣意妄为,那么即使是上天也不能使他吉祥。所以水旱灾害还没有发生他就挨饿了,严寒酷暑还没迫近他就生病了,妖魔鬼怪还没有出现他就遭遇凶险。混乱的社会遇到的天时与安定的社会是一样的,而遇到的灾难祸患却和安定的社会不一样,这就不能埋怨上天了,这是他的治国方法不对所造成的。如此就明白了天和人的不同,就可以称得上是至人了。不用行动就取得了成功,不用求取就能获得,这叫作天的职能。像这样,虽然深远,至人也不去思考;虽然广大,至人也不加夸大;虽然精妙,至人也不去考察。这就叫作不与天争夺职能。天自有它的时令变化,地自有它的财富资源,人自有他处理事情的方法,这就叫作能与天地相匹配。舍弃与天地相匹配的处理事情的方法而想要具备天地的功能,那就太糊涂了。星星互相跟随在天空旋转,太阳月亮交替照耀人间,春夏秋冬四季交相更替,阴阳交合化生万物,风雨广泛地滋润万物,万物各得其自然而和谐生长,各自得到滋养而成熟,人们看不到天地化生万物的形迹却看到了它的成效,这就叫作神妙。人们都懂得是天道生成万物,却没有人懂得它是如何无形无迹地生成万物,这就叫作天。只有圣人才知道只尽人事,而不费力气去寻求了解天道。

　　天职既立,天功既成,形具而神生,好恶、喜怒、哀乐臧焉[①],夫是之谓天情。耳、目、鼻、口、形能,各有接而不相能也,夫是之谓天官。心居中虚以治五官,夫是之谓天君。财非其类[②],以养其类,夫是之谓天养。顺其类者谓之福,逆其类者谓之祸,夫是之谓天政。暗其天君,乱其天官,弃其天养,逆其天政,背其天情,以丧天功,夫是之谓大凶。圣人清其天君,正其天官,备其天养,顺其天政,养其天情，以全其天功。如是，则知其所为，知其所不为矣，则天地官而万物役矣。其行曲治③，其养曲适，其生不伤，夫是之谓知天。故大巧在所不为，大智在所不虑。所志于天者④，已其见象之可以期者矣；所志于地者，已其见宜之可以息者矣；所志于四时者，已其见数之可以事者矣；所志于阴阳者，已其见知之可以治者矣⑤。官人守天而自为守道也。

【注释】

① 臧：通"藏"，蕴藏。

② 财：通"裁"，管理、利用。

③ 曲：普遍、各方面。

④ 志：知，认识。

⑤ 知：学者王念孙认为当为"和"字，调和、和谐。

【译文】

天的职能已经建立，天的功绩已经实现，人的形体具备了而精神活动也随之产生，喜欢厌恶、快乐愤怒、悲伤喜悦等各种感情蕴藏在其中，这就叫作天然的情感。耳朵、眼睛、鼻子、嘴和身体，它们各自接触外界的事物而不能互相替代，这就叫作天然的感官。心处在中部虚空的地方来控制五官，这就叫作天然的君主。利用与人不同种类的物品，来供养人类，这就叫作天然的供养。顺从人类同类的需求就叫作福，违背人类同类的需求就叫作祸，这就叫作天然的政治。蒙蔽天然的国君，扰乱天然的感官，背弃天然的供养，违背天然的政治，背离天然的情感，以致丧失了天然的功绩，这就叫作大凶。圣人澄清天然的国君，端正天然的感官，备足天然的供养，顺从天然的政治，保养天然的感情，来保全天然的功绩。如果这样，就能懂得他应该做什么事，懂得他不应该做什么事，那么就能掌握天地而役使万物了。他的所作所为就完全合理，他的供养就完全适宜，他的生命就不会受到损害，这就叫作懂得了天。所以最大的才能在于不去做不应该做的事情，最大的智慧在于不考虑不应该考虑的问题。对于苍天的认识，可以根据出现的天象就推测出来；对于大地的

荀子

认识，可以根据它适宜生长的条件去繁衍种植；对于四季的认识，可以根据它的变化规律安排农事；对于阴阳的认识，可以根据它显现出的和谐处理政事。圣人任用别人来观察天象，而自己却掌握治国大道。

治乱天邪？曰：日月、星辰、瑞历①，是禹、桀之所同也，禹以治，桀以乱，治乱非天也。时邪？曰：繁启蕃长于春夏②，畜积收藏于秋冬，是又禹、桀之所同也，禹以治，桀以乱，治乱非时也。地邪？曰：得地则生，失地则死，是又禹、桀之所同也，禹以治，桀以乱，治乱非地也。《诗》曰："天作高山，大王荒之；彼作矣，文王康之。"③此之谓也。

【注释】

① 瑞历：历象，指日月星辰运转的现象。

② 繁：多。启：萌芽、发芽。

③ 高山：这里特指岐山，在今陕西省岐山县东北。

【译文】

社会秩序的安定与混乱，是上天造成的吗？回答说：日月、星辰、历象，这是大禹、夏桀时代都相同的，然而大禹使天下大治，夏桀使天下大乱，可见社会的安定与混乱不是上天造成的。那是季节造成的吗？回答说：农作物春天纷纷萌芽，夏天茂盛地生长，秋天取得收获，冬天储藏粮食，这又是大禹、夏桀时代都相同的，大禹使天下大治，夏桀使天下大乱，可见社会的安定与混乱不是季节造成的。那是大地造成的吗？回答说：万物得到土地就生长，失去土地就死亡，这又是大禹、夏桀时代都相同的，大禹使天下大治，夏桀使天下大治，可见社会的安定与混乱不是大地造成的。《诗经》中说："上天生成了这岐山，大王将它开辟；已经创建了基业，周文王使它安定。"讲的就是这个道理。

天不为人之恶寒也辍冬，地不为人之恶辽远也辍广，君子不为小人匈匈也辍行①。天有常道矣，地有常数矣，君子有常体矣。君子道其常而小人计其功。《诗》曰:"礼义之不愆兮,何恤人之言兮!"此之谓也。

【注释】

① 訩訩:通"讻讻",吵嚷的声音。

【译文】

上天并不因为人们讨厌寒冷就停止了冬天,大地并不因为人们讨厌辽远就不再宽广,君子并不因为小人的叫嚣就停止行动。上天自有一定的规律,大地自有一定的法则,君子自有一定的行为标准。君子按行为标准做事而小人算计着眼前的功利。《诗经》中说:"在礼义上没有差错,何必在乎别人的闲话呢!"讲的就是这个道理。

楚王后车千乘,非知也;君子啜菽饮水①,非愚也。是节然也②。若夫心意修③,德行厚,知虑明,生于今而志乎古,则是其在我者也。故君子敬其在己者,而不慕其在天者;小人错其在己者④,而慕其在天者。君子敬其在己者而不慕其在天者,是以日进也;小人错其在己者而慕其在天者,是以日退也。故君子之所以日进与小人之所以日退,一也。君子小人之所以相县者在此耳。

【注释】

① 啜(chuò):吃。菽:豆类,这里泛指粗粮。

② 节:时运。

③ 心:学者王念孙认为当为"志"字,思想。

④ 错:通"措",舍弃。

【译文】

楚王后面跟随着上千辆车子,这并不是因为他聪明;君子吃粗粮喝白水,并不是因为他愚蠢。这是时运使他们如此。至于意志美好,德行深厚,思虑明达,生在当今而向往古代,这些都取决于我们自己。所以君子谨慎地对待取决于自己的事情,而不羡慕取决于上天的事情;小人舍

荀子

弃取决于自己努力的事情，而美慕取决于上天的事情。君子恭敬地对待取决于自己的事情，而不美慕取决于上天的事情，所以一天天地进步；小人舍弃取决于自己努力的事情，而美慕取决于上天的事情，所以一天天地退步。所以君子一天天进步与小人一天天退步的原因是一样的。君子和小人之所以相差悬殊的原因就在这里。

星队、木鸣^①，国人皆恐，曰：是何也？曰：无何也，是天地之变，阴阳之化，物之罕至者也，怪之可也，而畏之非也。夫日月之有蚀，风雨之不时，怪星之党见^②，是无世而不常有之。上明而政平，则是虽并世起，无伤也；上暗而政险，则是虽无一至者，无益也。夫星之队，木之鸣，是天地之变，阴阳之化，物之罕至者也，怪之可也，而畏之非也。物之已至者，人祆则可畏也。楛耕伤稼，耘耨失薉^③，政险失民，田薉稼恶，籴贵民饥^④，道路有死人，夫是之谓人祆。政令不明，举错不时，本事不理，夫是之谓人祆。礼义不修，内外无别，男女淫乱，则父子相疑，上下乖离，寇难并至，夫是之谓人祆。祆是生于乱，三者错，无安国。其说甚尔^⑤，其菑甚惨^⑥。勉力不时，则牛马相生，六畜作祆，可怪也，而不可畏也^⑦。传曰："万物之怪，书不说。无用之辩，不急之察，弃而不治。"若夫君臣之义，父子之亲，夫妇之别，则日切瑳而不舍也^⑧。

【注释】

① 队：通"坠"，坠落。

② 党：通"傥"，偶然。

③ 耘耨（nòu）失薉（huì）：学者卢文弨认为当作"枯耘伤岁"。

④ 籴（dí）：买粮食。

⑤ 尔：通"迩"，浅近。

⑥ 菑：通"灾"，灾祸。

⑦ 不：学者王念孙认为当为"亦"字，也。

⑧ 瑳（cuō）：通"磋"，琢磨。

流星陨落、社树鸣响,大家都恐惧,问:这是什么原因呢? 回答说:没有什么原因,这是天地自然的变化,阴阳自然的作用,这是事物中很少出现的现象,认为它奇怪是可以的,但害怕它就不对了。太阳和月亮会发生日食和月食,大风暴雨到来的时机不对,奇怪的星星偶尔出现,这是任何时代都常有的现象。国君英明而政治清平,那么这些现象即使同时出现,也没有什么危害;国君昏聩而政治险恶,那么这些现象即使一种也没有出现,也没有什么好处。流星的陨落,社树的鸣响,是天地自然的变化,是阴阳自然的作用,是事物中很少出现的现象,认为它奇怪是可以的,但害怕它就不对了。已经出现的事物中,人为的怪现象才是可怕的。粗心大意地耕作伤害了庄稼,马马虎虎地锄草影响了收成,政治险恶而失去人心,田地荒芜而收成不好,粮价昂贵而百姓挨饿,道路上有饿死的人,这就叫作人为的怪现象。政策法令不清明,举措不合时宜,不管理农业生产,督促劳作不合时令,牛马就会生出怪胎,六畜就会出现怪现象,这就叫作人为的怪现象。不修整礼义,内外没有分别,男女淫荡混乱,父子之间互相猜疑,君臣上下互相背离,外敌内乱同时到来,这就叫作人为的怪现象。这些怪现象产生于混乱,这三种现象交错发生,国家就会不得安宁了。这种道理很浅显,但这种灾祸发生时非常悲惨。这是奇怪的,而且也是可怕的。古书上说:"万物中的怪现象,经书上不做解说。没有用处的辩说,不是符合急用的考察,应当放弃而不去理会。"至于君臣之间的道义,父子之间的亲情,夫妻之间的分别,就需要每天思考而不能丢弃了。

雩而雨[①],何也? 曰:无何也,犹不雩而雨也。日月食而救之[②],天旱而雩,卜筮然后决大事,非以为得求也,以文之也。故君子以为文,而百姓以为神。以为文则吉,以为神则凶也。

【注释】

① 雩(yú):古代求雨的祭祀活动。

② 日月食而救之：古人以为日食和月食是它们被天狗吞吃了，于是敲盆打鼓想吓走天狗来救日、月。

【译文】

举行了求雨的祭祀之后就下了雨，这是什么原因呢？回答说：这没有什么原因，就如同是不举行求雨的祭祀而下雨一样。日食、月食发生时就敲鼓击盆去抢救，天旱就祭祀求雨，占卜然后再决定大事，这并不是因为能得到所求的东西，而只是来文饰政事而已。所以君子把这当作是一种文饰，而百姓把这当作是求神。把这当作是文饰就吉利，当作是求神就凶险了。

在天者莫明于日月，在地者莫明于水火，在物者莫明于珠玉，在人者莫明于礼义。故日月不高，则光晖不赫；水火不积，则晖润不博；珠玉不睹乎外①，则王公不以为宝；礼义不加于国家，则功名不白②。故人之命在天，国之命在礼。君人者隆礼尊贤而王，重法爱民而霸，好利多诈而危，权谋倾覆幽险而尽亡矣。大天而思之，孰与物畜而制之？从天而颂之，孰与制天命而用之？望时而待之，孰与应时而使之？因物而多之，孰与骋能而化之？思物而物之，孰与理物而勿失之也？愿于物之所以生，孰与有物之所以成？故错人而思天，则失万物之情。

【注释】

① 睹：学者王念孙认为当为"睹"（dǔ），明亮的样子。

② 白：明显，显著。

【译文】

在天上，没有什么比日月更耀眼的了，在地上，没有什么比水火更耀眼的了，在万物中，没有什么比珠玉更耀眼的了，在人间，没有什么比礼义更耀眼的了。所以，如果日月不高悬空中，那么光辉就不会那样显赫；如果水火不集中，那么光泽就不会那样广博；如果珠玉的光彩不显露在外面，那么王公就不会把它视为珍宝；如果礼义不施行于国中，那么功名就不会显著。所以人的命运取决于上天，国家的命运取决于礼义。作为统治百姓的国君如果崇尚礼义、尊重贤能的人就称王天下,如果看重法律、爱护人民就称霸诸侯,如果贪求财利、多行欺骗就会危险,如果玩弄权术阴谋、互相倾轧陷害、阴暗险恶就会灭亡。推崇上天而仰慕它,哪里比得上把它作为物来蓄养从而控制它呢?顺从上天而歌颂它,哪里比得上掌握它变化的规律从而利用它呢?盼望天时而等待它的恩赐,哪里比得上顺应天时而使它为人类所用呢?顺从万物的自然生长而重视它,哪里比得上施展人的才能而改造它呢?思慕万物而想占为己有,哪里比得上促进万物的成长而不失去它呢?想要懂得万物产生的过程,哪里比得上促进万物更好地成长呢?所以放弃人的努力而寄希望于上天,这就违反了万物的本性。

百王之无变,足以为道贯。一废一起,应之以贯,理贯不乱。不知贯,不知应变,贯之大体未尝亡也。乱生其差,治尽其详。故道之所善,中则可从,畸则不可为,匿则大惑①。水行者表深,表不明则陷;治民者表道,表不明则乱。礼者,表也。非礼,昏世也;昏世,大乱也。故道无不明,外内异表,隐显有常,民陷乃去。

【注释】

① 匿:通"慝"(tè),错误。

【译文】

历代帝王都持守不变的东西,足以成为大道的一贯原则。朝代的衰亡与兴盛,依靠这一贯的原则来应对,运用好这一贯的原则就不会混乱。不懂得这一贯的原则,就不懂得如何应对变化,这一贯原则的主要内容从来没有消亡过。国家混乱产生于对这一原则的使用产生了偏差,社会安定是由于对这一原则的使用十分完备。所以大道所昭示的原则如果符合了它就可以遵从,偏离了它就不要去施行,如果违背了它就会造成极大的混乱。涉水的人必须要标明水的深度,标示不明确就会被淹没;治理百姓的人应该以道作为标准,标准不明确就会造成混乱。礼义,就是这种标准。违背礼义,就是昏暗的社会;昏暗的社会,就会天下大乱。

荀子

所以大道的各方面没有不明确的,对内、对外有不同的标准,看得见的与看不见的要有一定的法则,这样百姓的灾难就可避免了。

　　万物为道一偏,一物为万物一偏,愚者为一物一偏,而自以为知道,无知也。慎子有见于后①,无见于先;老子有见于诎②,无见于信③;墨子有见于齐④,无见于畸⑤;宋子有见于少⑥,无见于多。有后而无先,则群众无门;有诎而无信,则贵贱不分;有齐而无畸,则政令不施;有少而无多,则群众不化。《书》曰:"无有作好,遵王之道;无有作恶,遵王之路。"此之谓也。

【注释】

① 慎子:即慎到。

② 老子:即老聃,姓李,名耳,字伯阳,老聃是他的号,道家的创始人,相传是春秋时楚国苦县人。诎,通"屈",委曲。

③ 信:通"伸",这里指有所作为。

④ 墨子:即墨翟,墨家的创始人。

⑤ 畸:不齐。

⑥ 宋子:即宋钘。

【译文】

　　万物是大道的一个方面,一物是万物的一个方面,愚蠢的人只看到了一物的一个方面,却自认为懂得了大道的全部,实在是太无知了。慎到只看到了事物后退的一面,没有看到事物前进的一面;老子只看到了人委曲求全的一面,没有看到积极进取的一面;墨子只看到了人和事物齐同的一面,没有看到差异的一面;宋钘只看到了人们清心寡欲的一面,没有看到人们多欲的一面。只有后退而没有前进,那么百姓就失去了方向;只有委曲求全而没有积极进取,那么贵贱就没有了分别;只有齐同而没有差异,那么政令就不能实施;只有清心寡欲而没有多欲,那么百姓就得不到教化。《尚书》中说:"不要有所偏好,应该遵循先王的大道;不要有所偏恶,应该遵循先王的大道。"讲的就是这个道理。

天论

77

正论

　　世俗之为说者曰:"主道利周①。"是不然。主者,民之唱也⑦;上者,下之仪也。彼将听唱而应,视仪而动。唱默则民无应也,仪隐则下无动也。不应不动,则上下无以相有也③。若是,则与无上同也,不祥莫大焉。故上者,下之本也,上宣明则下治辨矣④,上端诚则下愿悫矣,上公正则下易直矣。治辨则易一,愿悫则易使,易直则易知。易一则强,易使则功,易知则明,是治之所由生也。上周密则下疑玄矣⑤,上幽险则下渐诈矣,上偏曲则下比周矣。疑玄则难一,渐诈则难使,比周则难知。难一则不强,难使则不功,难知则不明,是乱之所由作也。故主道利明不利幽,利宣不利周。故主道明则下安,主道幽则下危。故下安则贵上,下危则贱上。故上易知则下亲上矣,上难知则下畏上矣。下亲上则上安,下畏上则上危。故主道莫恶乎难知,莫危乎使下畏己。传曰:"恶之者众则危。"《书》曰:"克明明德。"《诗》曰:"明明在下。"故先王明之,岂特玄之耳哉!

【注释】

①　周:隐藏。

②　唱:通"倡",倡导。

③　有:学者王先谦认为当为"胥"字,通"须",对待,这里指依靠。

④　辨:通"办",治理。

⑤　玄:通"眩",迷惑。

【译文】

　　世俗上持某一论调的人说:"国君的治国大道以对臣民隐蔽实情为有利。"这种说法是错误的。国君,是百姓的倡导者;国君,是臣下的准则。百姓听到倡导就会响应，看到准则就会行动。倡导者沉默而百姓就无法响应，准则隐匿而臣民就无法行动。不响应、不行动，那么君臣上下就无法相互依靠。如果这样，就和没有国君一样了，不吉利的事没有比这更大了。所以国君是臣民的根本，国君公开明确实情那么臣民就能治理好，国君端正诚实那么臣民就敦厚老实，国君公正无私那么臣民就公平正直。治理得好就容易统一，敦厚老实就容易役使，公平正直就容易懂得。容易统一就能强大，容易役使就会有成效，容易懂得就会明白，这是社会安定的原因。国君隐蔽实情那么臣民就怀疑迷惑，国君阴险那么臣民就互相欺骗，国君偏私那么臣民就互相勾结。怀疑迷惑就难以统一，欺骗就难以役使，互相勾结就难以懂得。难以统一就不强大，难以役使就没有成效，难以懂得就不明白，这是社会混乱的原因。所以国君的治国大道宜于明白而不宜幽暗，宜于公开而不宜隐蔽。所以国君的治国大道明白那么臣民就会安定，国君的治国大道幽暗那么臣民就会危险。所以臣民安定就会尊重国君，臣民危险就会鄙视国君。所以国君容易懂得那么臣民就亲附他，国君难以懂得那么臣民就害怕他。臣民亲附国君那么国君就安定，臣民害怕国君那么国君就危险。古书上说："厌恶他的人多了就危险。"《尚书》中说："要宣扬美好的德行。"《诗经》中说："以美好的德行昭示天下。"所以先代圣王特意让自己的行为光明显露，岂止是公开而已！

世俗之为说者曰："桀、纣有天下，汤、武篡而夺之。"是不然。以桀、纣为常有天下之籍则然，亲有天下之籍则不然，天下谓在桀、纣则不然。古者天子千官，诸侯百官。以是千官也，令行于诸夏之国，谓之王；以是百官也，令行于境内，国虽不安，不至于废易遂亡①，谓之君。圣王之子也，有天下之后也，势籍之所在也，天下之宗室也，然而不材不中，内则百姓疾之，外则诸侯叛之，近者境内不一，遥者诸侯不听，令不行于境内，甚者诸侯侵削之，攻伐之，若是，则虽未亡，吾谓之无天下矣。圣王没，有势籍者罢不足以县天下②，天下无君，诸侯有能德明威积，海内之民莫不愿得以为君师。

然而暴国独侈，安能诛之，必不伤害无罪之民，诛暴国之君若诛独夫。若是，则可谓能用天下矣。能用天下之谓王。汤、武非取天下也，修其道，行其义，兴天下之同利，除天下之同害，而天下归之也。桀、纣非去天下也，反禹、汤之德，乱礼义之分，禽兽之行，积其凶，全其恶，而天下去之也。天下归之之谓王，天下去之之谓亡。故桀、纣无天下而汤、武不弑君，由此效之也。汤、武者，民之父母也；桀、纣者，民之怨贼也。今世俗之为说者，以桀、纣为君而以汤、武为弑，然则是诛民之父母而师民之怨贼也，不祥莫大焉。以天下之合为君，则天下未尝合于桀、纣也。然则以汤、武为弑，则天下未尝有说也，直堕之耳③。故天子唯其人。天下者，至重也，非至强莫之能任；至大也，非至辨莫之能分；至众也，非至明莫之能和。此三至者，非圣人莫之能尽，故非圣人莫之能王。圣人备道全美者也，是县天下之权称也④。桀、纣者，其知虑至险也，其至意至暗也⑤，其行之为至乱也；亲者疏之，贤者贱之，生民怨之，禹、汤之后也，而不得一人之与；剖比干，囚箕子，身死国亡，为天下之大僇⑥，后世之言恶者必稽焉，是不容妻子之数也。故至贤畴四海⑦，汤、武是也；至罢不容妻子，桀、纣是也。今世俗之为说者，以桀、纣为有天下而臣汤、武，岂不过甚矣哉！譬之，是犹伛巫、跛匡大自以为有知也⑧。故可以有夺人国，不可以有夺人天下；可以有窃国，不可以有窃天下也。可以夺之者可以有国，而不可以有天下；窃可以得国，而不可以得天下。是何也？曰：国，小具也，可以小人有也，可以小道得也，可以小力持也；天下者，大具也，不可以小人有也，不可以小道得也，不可以小力持也。国者，小人可以有之，然而未必不亡也；天下者，至大也，非圣人莫之能有也。

【注释】

① 遂：通“坠”，坠落。

② 罢（pí）：通“疲”，无能。县：通“悬”，悬挂。

③ 堕（huī）：通“毁”，污蔑。

荀子

80

④ 权称：标准。

⑤ 至意：学者杨倞认为当为"志意"，思想意志。

⑥ 僇：耻辱、羞辱。

⑦ 畴：保全，保持。

⑧ 匡（wāng）：通"尪"，残疾人。

【译文】

世俗上持某一论调的人说："夏桀、商纣拥有天下，商汤、周武王篡夺了他们的天下。"这种说法是错误的。认为夏桀、商纣曾经拥有天下的王位是对的，认为他们亲自占有天子的权位是对的，而认为天下属于夏桀、商纣就不对了。古代天子拥有上千个官吏，诸侯拥有上百个官吏。凭借这上千个官吏，把政令推行到中原各诸侯国的，这就叫作帝王；凭借这上百个官吏，把政令推行到本国境内的，即使国家不安定，也不至于被废黜而灭亡的，这就叫作国君。前代圣王的子孙，是拥有天下的帝王的后代，是天下权势地位的所在，是天下的宗主，然而他没有才能、处事不公正，在内则百姓嫉恨他，在外则诸侯叛离他，近处是国内不统一，远处是诸侯不听从他的命令，政令在境内都不能施行，甚至诸侯来侵略他，进犯他，如果这样，即使没有灭亡，我说他已经没有天下了。现代圣王死了，拥有权势地位的子孙软弱无能不足以统治天下，天下没有了国君，诸侯中有德行显明、威望崇高的人，天下百姓就没有不希望得到他作为国君的。然而暴君统治的国家偏偏奢侈放纵，于是只有他能诛杀暴国的国君，又一定不会伤害无辜的百姓，诛杀暴国之君就如同是诛杀独夫一样。如果这样，那么就可以说他掌握了天下大权。能够掌握天下大权的就称王天下。商汤、周武王并不是夺取了天下，而是遵从了治国大道，实行礼义，兴办对天下都有利的共同事业，铲除天下共同的祸害，而天下人就归顺了他们。夏桀、商纣并不是丢掉了天下，而是违背了夏禹、商汤的美德，扰乱了礼义的界限，所作所为如同禽兽，罪行累累，无恶不作，而天下人背弃了他们。天下人都归顺他就叫作称王，天下人都背弃他就叫作灭亡。所以夏桀、商纣本来没有天下而商汤、武王没有弑杀国君，就由此得到验证了。商汤、周武王是百姓的父母，夏桀、商纣是百姓的仇敌。现在世俗上持某种论调的人，认为夏桀、商纣是国君而商汤、周武王弑杀了国君，那么这种说法就等于诛杀了百姓的父母而把百姓的仇敌当作君长，没有比这更不吉利的了。如果认为天下人归附的人是国君，那么天下人从来没有归附夏桀、商纣。那么认为商汤、周武王弑杀了国君，天下从来没有这种说法，这只是污蔑诽谤而已。所以天子一定要由合适的人来担任。天下的事务，是最沉重的担子，不是最强有力的人就不能承担；范围是最广大的，不是最明辨的人就不能区分它；百姓最多，不是最英明的人就不能协调他们。这三个最，如果不是圣人不能全面深透地加以领悟，所以如果不是圣人不能称王于天下。圣人是道德完备、尽善尽美的人，是衡量天下的标准。夏桀、商纣，他们的智谋极其阴险，他们的思想异常阴暗，他们的行为非常混乱；亲近之人疏远他们，贤德之人鄙视他们，百姓怨恨他们，虽然他们是夏禹、商汤的后代，却得不到一个人的帮助；他们把比干剖腹挖心，囚禁箕子，身死国亡，成为天下最大的耻辱，后代说到坏人坏事就一定会以他们为例，这是连妻子儿女也不能保住的道理。所以最贤能的人享有四海，商汤、周武王就是这样的人；最无能的人保不住自己的妻子儿女，夏桀、商纣就是这样的人。现在世俗持某种论调的人，认为夏桀、商纣拥有天下而视商汤、周武王为臣子，这不是大错而特错吗？打个比方来说，这就如同是驼背的女巫、跛足的残疾人狂妄地自以为很聪明一样。所以别人的国家可以夺取，而别人的天下不可以夺取；别人的国家可以窃取，而别人的天下不可以窃取。夺取的人可以拥有一个诸侯国，而不能拥有天下；窃取可以得到一个诸侯国，而不能得到天下。这是什么原因呢？回答是：诸侯国，是个小工具，可以让小人占有它，可以用小道得到它，可以用较小的力量来维持它；天下，是个大工具，不可以让小人占有它，不可以用小道得到它，不可以用较小的力量来维持它。诸侯国，小人可以拥有它，但未必不会灭亡；天下，是最广大的，除了圣人没有人能拥有它。

世俗之为说者曰："治古无肉刑而有象刑①：墨黥②；慅婴③；共④，艾毕⑤；菲⑥，对屦⑦；杀，赭衣而不纯⑧。治古如是。"是不然。以为治邪？则人固莫触罪，非独不用肉刑，亦不用象刑矣。以为人或触罪矣，而直轻其刑，然则是杀人者不死，伤人者不刑也。罪至重而刑至轻，庸人不知恶矣，乱莫大焉。凡刑人之本，禁暴恶恶，且征其未也⑨。杀人者不死而伤者不刑，是谓惠暴而宽贼也，非恶恶也。故象刑殆非生于治古，并起于乱今也。治古不然。凡爵列、官职、赏庆、刑罚，皆报也，以类相从者也。一物失称，乱之端也。夫德不称位，能不称官，赏不当功，罚不当罪，不祥莫大焉。昔者武王伐有商，诛纣，断其首，县之赤旆⑩。夫征暴诛悍，治之盛也。杀人者死，伤人者刑，是百王之所同也，未有知其所由来者也。刑称罪则治，不称罪则乱。故治则刑重，乱则刑轻，犯治之罪固重，犯乱之罪固轻也。《书》曰："刑罚世轻世重。"此之谓也。

【注释】

① 肉刑：指黥（qíng，在脸上刺字并涂墨）、劓（yì，割鼻子）、刖（fèi，砍断脚）、宫（阉割男性生殖器）、大辟（砍头）等刑罚。象刑：象征性的刑罚。

② 墨黥：用以墨涂脸来代替黥刑。

③ 慅婴：通"草缨"，这里指让犯人戴上用草做的帽子。

④ 共：通"宫"，宫刑。

⑤ 艾（yì）：通"刈"，切割。毕：通"韠"（bì），古代一种遮蔽在身前的皮质服饰。

⑥ 菲：通"剕"，剁脚。

⑦ 对：学者郝懿行认为当为"绑"（bǎng）字，麻鞋。

⑧ 赭（zhě）：红褐色。不纯（zhǔn）：衣服不镶边。这里指衣服没有衣领。

⑨ 征：通"惩"，惩罚。

⑩ 旆（pèi）：旌旗。

【译文】

世俗上持某种论调的人说："古代的太平盛世没有肉刑而只有象征性的刑罚：用墨画在脸上来代替在脸上刺字的黥刑，头系草编的帽带来代替割鼻子的劓刑，割掉衣服上的前襟或蔽膝来代替阉割生殖器的宫刑,穿麻编的鞋子来代替踩脚的剕刑,穿无领的大红色衣服来代替死刑。古代的太平盛世就如同是这样。"这种说法是错误的。认为这是治理得很好吗?如果人本来就没有犯罪,那么不仅用不着肉刑,而且也用不着象征性的刑罚了。如果有的人犯了罪,而只是减轻他们的刑罚,那就会使杀害人的罪犯不处死,伤害人的罪犯不惩罚了。所犯罪行非常严重而刑罚却非常轻,那么普通人就不懂得罪恶了,没有比这更大的祸乱了。大凡惩罚人的目的,在于禁止暴虐、反对作恶,而且防患于未然。如果杀害人的罪犯不处死而伤害人的罪犯不惩罚,那么这就是善待暴虐而宽恕盗贼,这不是反对作恶。所以象征性的刑罚大概不是产生于古代的太平盛世,而是产生在当今的乱世。古代的太平盛世不这样。大凡爵位、官职、奖励赏赐、刑罚,都是对善恶的回报,与自己所作所为的好坏相恰当。如果一件事情处理不当,就是混乱的开端。如果德行与地位不相称,才能与官职不相称,奖励赏赐与功劳不相称,刑罚与罪行不相称,这就是最大的不祥。古代周武王讨伐殷商,诛杀了商纣,割下他的首级,悬挂在旌旗上。惩罚暴虐的人、诛灭凶悍的人,是太平盛世的伟大功绩。杀人者处死,伤人者受刑,这是历代君王所一致的,没有人懂得它的来源。刑罚与罪行相称就能治理好国家,刑罚与罪行不相称就会导致混乱。所以社会安定刑罚就重,社会混乱刑罚就轻,触犯太平盛世的罪行本来就严重,触犯混乱社会的罪行本来就轻。《尚书》中说:"刑罚有的时代轻、有的时代重。"讲的就是这种情况。

世俗之为说者曰:"汤、武不能禁令。是何也?曰:楚、越不受制。"是不然。汤、武者,至天下之善禁令者也。汤居亳,武王居鄗,皆百里之地也,天下为一,诸侯为臣,通达之属莫不振动从服以化顺之[①],曷为楚、越独不受制也?彼王者之制也,视形势而制械用,称远迩而等贡献,岂必齐哉!故鲁人以榶[②],卫人用柯[③],齐人用一革[④],土地刑制不同者,械用备饰不可不异也。故诸夏之国同服同仪,蛮、夷、戎、狄之国同服不同制。封内甸服[⑤],封外侯服[⑥],侯卫宾服[⑦],蛮夷要服[⑧],戎狄荒服[⑨]。甸服者祭,侯服者祀,宾服者享,要服者贡,荒服者终王。日祭、月祀、时享、岁贡,夫是之谓视形势而制械用,称远近而等贡献,是王者之制也。彼楚、越者,且时享、岁贡、终王之属也,必齐之日祭、月祀之属然后曰受制邪? 是规磨之说也⑩,沟中之瘠也,则未足与及王者之制也。语曰:"浅不足与测深,愚不足与谋知,坎井之蛙不可与语东海之乐。"此之谓也。

【注释】

① 振:通"震",恐惧。

② 榶(táng):碗。

③ 柯:盂,古代盛食物用的器具。

④ 一革:不详,大概是一种皮革制成的器具。

⑤ 封内:指都城周围五百里内的地方。甸服:指耕种王田,以服侍天子。甸服以外,每五百里为一区域,依次为侯服、宾服、要服、荒服。

⑥ 封外:封内之外五百里以内的地方。侯服:担任警卫来服侍天子。侯,通"候",斥候。

⑦ 侯卫:指侯圻和卫圻。古代都城方圆五百里之外没五百里为一区域,依次分为侯圻、甸圻、另圻、采圻、卫圻等。宾服:按时进贡和朝觐天子。

⑧ 要服:用礼义和教化约束,使之顺服天子。

⑨ 荒服:不定时地向天子进贡。

⑩ 规磨:指揣测。

【译文】

世俗上持某种论调的人说:"商汤、周武王不善于实施禁令。这是什么原因呢? 回答说:楚国和越国不受他们的控制。"这种说法是错误的。商汤、周武王,是天下最善于实施禁令的人。商汤居住在亳,周武王居住在镐京,都是百里见方的小地方,但他们使天下一统,诸侯臣服,凡是能到达的地方没有不畏惧服从他们、接受他们的教化而归顺的,那为什么唯独楚国和越国不受控制呢? 王者的制度,会根据各地形势不同来制造机械用具,衡量距离远近来规定进贡物品的不同,何必要完全一致呢! 所以鲁国人用碗,卫国人用盂,齐国人用皮革制成的用具,各地风俗习惯不同，器械用具、设备服饰也不能没有差别。所以中原各诸侯国同样服侍天子而礼仪相同，蛮、夷、戎、狄等国家同样服侍天子而制度不同。天子领地五百里内甸服，五百里外侯服，侯圻、卫圻宾服，蛮夷国家要服，戎狄国家荒服。甸服的国家供给天子每天用的祭品，侯服的国家供给天子每月用的祭品，宾服的国家供给天子每季用的祭品，要服的国家每年进贡，荒服的国家新王继位时来进贡。每天的祭祀、每月的祭祀、每季的祭祀、每年的进贡、新王继位时的进贡，这就是所说的根据各地形势不同而制造不同的器械用具，衡量距离远近而规定进贡物品的不同，这是王者的制度。那楚国和越国，是属于供给天子每季的祭品、每年进贡、新王继位时进贡的国家而已，难道一定要与供给天子每天用的祭品、每月的祭品的国家一样然后才能说受到控制吗？这是猜测的说法，这种人见识浅陋，不值得和他谈论王者的制度。俗语说："浅陋之人不值得和他谈论深奥的道理，愚蠢的人不值得和他商量智慧的事，废井中的青蛙不能和它谈论东海中的乐趣。"讲的就是这个道理。

世俗之为说者曰："尧、舜擅让[①]。"是不然。天子者，势位至尊，无敌于天下，夫有谁与让矣？道德纯备，智惠甚明，南面而听天下，生民之属莫不振动从服以化顺之，天下无隐士，无遗善，同焉者是也，异焉者非也，夫有恶擅天下矣？曰："死而擅之。"是又不然。圣王在上，图德而定次，量能而授官，皆使民载其事而各得其宜，不能以义制利，不能以伪饰性[②]，则兼以为民。圣王已没，天下无圣，则固莫足以擅天下矣。天下有圣而在后者[③]，则天下不离，朝不易位，国不更制，天下厌然，与乡无以异也，以尧继尧，夫又何变之有矣？圣不在后子而在三公，则天下如归，犹复而振之矣，天下厌然与乡无以异也，以尧继尧，夫又何变之有矣？唯其徙朝改制为难。故天子生则天下一隆，致顺而治，论德而定次，死则能任天下者必有之矣。夫礼义之分尽矣，擅让恶用矣哉？曰："老衰而擅。"是又不然。血气筋力则有衰，若夫智虑取舍则无衰。曰："老者不堪其劳而休也。"是又畏事者之议也。天子者，势至重而形至佚，心至愉而志无所诎，而形不为劳，尊无上矣。衣被则服五采④，杂间色，重文绣，加饰之以珠玉；食饮则重大牢而备珍怪⑤，期臭味⑥，曼而馈⑦，代罍而食⑧，《雍》而彻乎五祀⑨，执荐者百人侍西房；居则设张容⑩，负依而坐，诸侯趋走乎堂下；出户而巫觋有事，出门而宗祀有事⑪，乘大路、趋越席以养安⑫，侧载睪芷以养鼻⑬，前有错衡以养目⑭，和鸾之声⑮，步中《武》《象》，骤中《韶》《護》以养耳⑯，三公奉轭持纳⑰，诸侯持轮挟舆先马，大侯编后，大夫次之，小侯、元士次之，庶士介而夹道，庶人隐窜，莫敢视望；居如大神，动如天帝，持老养衰，犹有善于是者与不⑱？老者，休也，休犹有安乐恬愉如是者乎？故曰：诸侯有老，天子无老，有擅国，无擅天下，古今一也。夫曰"尧、舜擅让"，是虚言也，是浅者之传，陋者之说也，不知逆顺之理，小大、至不至之变者也，未可与及天下之大理者也。

【注释】

① 擅：通"禅"，禅让。

② 伪：人为，即后天努力。

③ 学者俞樾认为"后"下当脱"子"字。

④ 五采：指青、赤、黄、白、黑五种色彩。

⑤ 大牢：即"太牢"，指祭祀用的猪、牛、羊三者齐备。

⑥ 期：通"綦"，极其。臭(xiù)味：指香味。

⑦ 曼：通"万"，古代一种列队舞蹈。

⑧ 代罍：学者刘台拱认为当为"伐鼛"，敲鼓。罍，通"鼛"(gāo)，大鼓。

⑨ 彻：通"撤"，撤除。五祀：古代的五种祭祀活动，祭灶为其中之一，这里专指祭灶。

⑩ 张：通"帐"，帐幕。

⑪ 祀：学者杨倞认为当为"祝"字，古代祈福的官员。

⑫ 大路：即"大辂"，天子乘坐的车。越席：用蒲草编成的席子。

⑬ 睪芷(zé zhǐ)：一种香草。

⑭ 错：交错的花纹。衡：车辕前的横木。

⑮ 和、鸾：都是车上的铃，挂在车厢前的横木上的是和，在车辕前的横木上的为鸾。

⑯ 驲：通"趋"，这里指车很快。

⑰ 轭（è）：驾车时套在牲口脖子上的曲木。纳：通"纳"，驷马车上两旁的两匹马的内侧缰绳。

⑱ 不：通"否"。

【译文】

世俗中持某种论调的人说："尧、舜把天子的位置禅让给了别人。"这种说法是错误的。天子的权势最大、地位最尊贵，普天之下没有人能和他相比，又能把天子的位置禅让给谁呢？尧、舜的道德纯洁完善，智慧极其明达，面向南坐着治理天下，所有的百姓没有不内心震动服从以致被教化而归顺他的，普天之下没有被埋没的人才，没有被遗漏的好人，所言所行与尧、舜一致的就是正确的，与他们不一致的就是错误的，他们又怎么会把天下禅让出去呢？有人说："尧舜是在死后才把天子的位置禅让给别人的。"这种说法也是错误的。圣明的君王在上位，根据德行来确定职位顺序，根据才能的不同授予官职，使百姓们都能各行其是而又各得其所；如果不能够做到以道义来约束私利，不能够通过人为的努力来美化本性，那就让他们全都做百姓。圣明的君王已经死了，如果天下没有圣人，那么固然就没有人能够被禅让了。如果天下有圣人而且他是圣明的君王的后代，那么天下就不会分崩离析，朝廷就不会大权旁落，国家制度就不会变更，天下就会安定得和以前没有什么分别，用尧一样的圣明君王来继承尧的位置，又会发生什么变化呢？如果圣人不是圣明君王的后代而是王公大臣，那么天下归顺服从他，就如同是重新恢复国家而复兴它一样，天下就会安定得和以前没有什么分别，用尧一样的圣明君王来继承尧的位置，又会发生什么变化呢？只有改朝换代、变革制度才是困难的事。所以如果圣明的天子活着那么天下的人就会一心推崇他，百姓极其顺从而有秩序，评定德行来决定每个人的职位等级，圣明的君王死了那么能够担负起治理天下重任的人一定会有的。天子的礼义和名分都完善了，哪里还用得着禅让呢？有人说："尧舜的年龄大了、身体衰老了就会禅让。"这种说法也是错误的。一个人的血脉、力气、筋骨、体力会衰退，至于智慧、思考能力和判断力却不会衰退。有人说："年老的人不能忍受劳苦就要休息。"这是害怕做事的人的说法。天子的权势极大而身体极其安逸，心情极其愉快而志向没有不能实现的，所以身体不因为成为天子而劳累，他的尊贵地位是至高无上的。天子所穿的，是五彩的衣服，还有华艳美丽的刺绣，再用珠宝玉器加以装饰；天子所吃喝的，都是猪、牛、羊等肉食和各种珍贵奇异的佳肴，极尽美味，在音乐声中献上食物，在鼓声中享用食物，奏着《雍》乐把酒宴撤回灶上来祭祀灶神，人们排着长队端着食品侍候在西厢房；处在天子之位，就要设置帷帐和屏风，天子背靠着屏风而坐，诸侯在堂下快步小跑来朝见；一出宫门巫觋就会为他被除不祥，一出城门大宗伯、大祝就会为他求神祈福，天子坐着大车、踩着柔软的蒲草编的席子来保养身体，车的两旁插着香草来调养鼻子，车的前面有花纹交错的横木来保养眼睛，车子的铃声，在车子慢行时和着《武》《象》的节奏，奔跑时符合《韶》《濩》的节奏来保养耳朵，天子的王公大臣扶着车辕、握着缰绳，各国诸侯有的人扶着车轮、有的人护着车厢两侧、有的人在马前引路，大国公侯排在车子后面，他们的大夫跟在后面，小国的侯伯和上士又跟在大国的大夫后面，士兵们穿着铠甲立在道路两旁守卫，百姓隐藏回避，不敢张望；天子坐着像大神一样有威严，行动像天帝一样自如，保养身体预防衰老，还有比这更好的吗？年老的人需要休息，而还有比这更安乐愉悦的休息吗？所以说：诸侯有告老退休的时候，而天子没有衰老的时候，诸侯有禅让国家的，而天子没有禅让天下的，古往今来都是如此。那些"尧、舜把天子的位置禅让给别人"的话纯属无稽之谈，是浅薄者的谣传，是鄙陋者的胡说，这些人不知道对错的道理，不懂得国家与天下、至高无上和不至高无上的区别，是一些不能和他们谈论天下大道理的人。

世俗之为说者曰："尧、舜不能教化，是何也？曰：朱、象不化[①]。"是不然也。尧、舜，至天下之善教化者也，南面而听天下，生民之属莫不振动从服以化顺之；然而朱、象独不化，是非尧、舜之过，朱、象之罪也。尧、舜者，天下之英也；朱、象者，天下之嵬，一时之琐也。今世俗之为说者不怪朱、象，而非尧、舜，岂不过甚矣哉！夫是之谓嵬说。羿、蠭门者，天下之善射者也，不能以拨弓、曲矢中；王梁、造父者，天下之善驭者也，不能以辟马、毁舆致远^②；尧、舜者，天下之善教化者也，不能使嵬琐化。何世而无嵬，何时而无琐，自太皞、燧人莫不有也^③。故作者不祥，学者受其殃，非者有庆。《诗》曰："下民之蘖，匪降自天；噂沓背憎，职竞由人。"^④ 此之谓也。

【注释】

① 朱：尧的儿子，封于丹，故称"丹朱"，传说他品行不好，游手好闲。象：舜的异母弟弟，传说多次设计谋害舜。

② 辟：通"躄"（bì），跛足。

③ 太皞（hào）：传说是古代东方部落的首领，又称伏羲。燧人：又称燧人氏，传说是人工取火的发明者。

④ 噂沓（zǔn tà），指当面谈笑。

【译文】

世俗中持某种论调的人说："尧、舜不能教化人。这是什么原因呢？回答说：朱、象没有得到教化。"这种说法是错误的。尧、舜是天下最善于教化的人，朝南坐着决断天下大事，百姓没有不畏惧而服从、接受教化而归顺他们的；然而唯独朱、象不受教化，这不是尧、舜的罪过，是朱、象的罪过。尧、舜，是天下的英杰；朱、象，是天下的奸诈之徒，当世最卑鄙的小人。现在世俗中持某种论调的人不责怪朱、象，反而非难尧、舜，难道不是大错而特错吗？这就叫作无知怪诞的说法。后羿、逢门，是天下最善于射箭的人，但不能用歪斜的弓和弯曲的箭来射中远处的目标；王梁、造父，是天下最善于驾驭车马的人，但不能用瘸腿的马、损坏的车来到达远方；尧、舜，是天下最善于教化的人，但不能使奸诈卑鄙的小人受到感化。哪个时代没有奸诈的人，哪个时代没有卑劣的人，从太皞、燧人氏以来到现在没有哪个时代没有过。所以那些持这种观点的人不怀好意，学习这种论调的人就遭受了祸害，而反对的人却感到庆幸。《诗经》中说：

"百姓遭受灾殃,灾殃并非来自天降,而是因为人们当面谈笑而背后互相怨恨,这往往是坏人造成的。"讲的就是这种情况。

世俗之为说者曰:"太古薄葬,棺厚三寸,衣衾三领①,葬田不妨田,故不掘也。乱今厚葬饰棺,故抇也②。"是不及知治道,而不察于抇不抇者之所言也。凡人之盗也,必以有为,不以备不足,足则以重有余也。而圣王之生民也,皆使当厚优犹不知足③,而不得以有余过度。故盗不窃,贼不刺,狗彘吐菽粟,而农贾皆能以货财让;风俗之美,男女自不取于涂而百姓羞拾遗④。故孔子曰:"天下有道,盗其先变乎!"虽珠玉满体,文绣充棺,黄金充椁,加之以丹矸⑤,重之以曾青⑥,犀象以为树,琅玕、龙兹、华觐以为实⑦,人犹且莫之抇也。是何故也?则求利之诡缓⑧,而犯分之羞大也。夫乱今然后反是:上以无法使,下以无度行,知者不得虑,能者不得治,贤者不得使。若是,则上失天性,下失地利,中失人和。故百事废,财物诎而祸乱起。王公则病不足于上,庶人则冻馁羸瘠于下,于是焉桀、纣群居,而盗贼击夺以危上矣。安禽兽行,虎狼贪,故脯巨人而炙婴儿矣。若是,则有何尤抇人之墓、抉人之口而求利矣哉?虽此保而菤之⑨,犹且必抇也,安得葬菤哉?彼乃将食其肉而齕其骨也。夫曰:"太古薄葬,故不抇也;乱今厚葬,故抇也。"是特奸人之误于乱说,以欺愚者而潮陷之以偷取利焉⑩,夫是之谓大奸。传曰:"危人而自安,害人而自利。"此之谓也。

【注释】

① 三领:三件、三套。

② 抇:古"掘"字,挖掘。

③ 当厚:学者王念孙认为当为"富厚",富裕。

④ 取:通"聚",聚集。

⑤ 丹矸(gān):即丹砂,又称朱砂。

⑥ 曾青:一种绘画用的青色颜料。

⑦ 琅玕、龙兹、华觐(jìn):皆为珠宝的名称。

⑧ 诡:要求。

⑨ 倮:通"裸",赤身露体。薶:通"埋",埋葬。

⑩ 潮:学者卢文弨认为当为"淖"字,沼泽,这里指陷害。

【译文】

世俗上持某种论调的人说:"古代时实行薄葬,棺木厚三寸,衣服、被子各三套,死者被葬在田里而不妨碍耕种,所以不会被挖掘。而当今社会混乱实行厚葬,棺木华美,所以被盗挖。"这是不懂得治国之道,而又不明白盗墓与不盗墓的真正原因之人的说法。大凡人们盗墓,必定有其原因,不是为了补充自己生活的不足,就是为了使自己有更多的余财。英明的国君养活百姓,使他们都富有,懂得满足,而不能有过多的余财。所以窃贼不盗窃,盗贼不掠夺,粮食多得连猪狗都不吃了,而农民商人都能把货物让给别人;风俗淳朴,男女不会私自在路上相会,百姓以捡拾别人遗失的东西为耻。所以孔子说:"天下太平,盗贼会首先发生改变吧!"即使死者珍珠玉器戴满了全身,绫罗绸缎塞满了内棺,黄金充满了外椁,用丹砂来点缀,用曾青来粉饰,用犀牛角和象牙作为树木,用琅玕、龙兹、华觐作为果实,人们也不会去盗墓。这是什么原因呢? 是因为百姓贪求利益的要求减少了,而触犯名分的羞耻之心增大了的缘故。当今的混乱社会与此相反:国君不按法度役使百姓,臣民就不按法度行事,聪明的人不能参与谋划国事,有才能的人不能参与治理国家,德才兼备的人得不到任用。如果这样就会上失天时,下失地利,中失人和。因此百事荒废,财物减少而祸乱就会兴起了。王公大臣在上面就会担心财物不足,百姓在下面就会挨饿受冻贫困不堪,于是像桀、纣这样的人就聚集起来,而盗贼抢掠劫夺来危害国君的统治。所作所为如同禽兽,贪婪之心如同虎狼,所以就会将成人做成肉干而把婴儿烤着吃。如果这样,那又为何怨恨有人盗掘人家的坟墓、撬开死者的嘴巴取出财宝来求取利益呢? 在这种情况下即使赤身裸体地埋葬,也一定会被盗掘,哪里还能得到埋葬呢? 那些盗墓者还要吃死者的肉、啃死者的骨头呢! 那些人说:"古代实行薄葬,所以不被挖掘;当今的混乱时代实行厚葬,所以被盗掘。"这只是奸邪的

荀子

人被错误的说法所误导，又以此来欺骗愚蠢的人而陷害他们并从中谋取私利，这就叫作最大的奸恶。古书上说："危害别人而保全自己，损害别人而自己谋利。"说的就是这种人。

子宋子曰[①]："明见侮之不辱，使人不斗。人皆以见侮为辱，故斗也；知见侮之为不辱，则不斗矣。"应之曰："然则亦以人之情为不恶侮乎？"曰："恶而不辱也。"曰："若是，则必不得所求焉。凡人之斗也，必以其恶之为说，非以其辱之为故也。今俳优、侏儒、狎徒詈侮而不斗者[②]，是岂钜知见侮之为不辱哉[③]？然而不斗者，不恶故也。今人或入其央渎[④]，窃其猪彘，则援剑戟而逐之，不避死伤，是岂以丧猪为辱也哉？然而不惮斗者，恶之故也。虽以见侮为辱也，不恶则不斗；虽知见侮为不辱，恶之则必斗。然则斗与不斗邪，亡于辱之与不辱也，乃在于恶之与不恶也。夫今子宋子不能解人之恶侮，而务说人以勿辱也，岂不过甚矣哉！金舌弊口，犹将无益也。不知其无益则不知；知其无益也，直以欺人则不仁。不仁不知，辱莫大焉。将以为有益于人，则与无益于人也[⑤]，则得大辱而退耳。说莫病是矣。"

【注释】

① 子宋子：指宋钘。

② 俳（pái）优：古代的歌舞艺人。狎（xiá）：玩弄。詈（lì）：骂。

③ 钜：通"讵"，怎么。

④ 央渎：指排水沟。

⑤ 与：通"举"，全、都。

【译文】

宋钘说："明白了受到侮辱并不是耻辱的道理，人们就不会互相争斗了。人们都把受到侮辱当作是耻辱，所以才会互相争斗；如果懂得受到侮辱不是耻辱，就不会互相争斗了。"回答说："既然如此，那么您认为人的感情不厌恶受到侮辱吗？"宋钘回答说："厌恶受到侮辱但不认为是耻辱。"回答说："如果这样，就一定达不到你所追求的结果了。大凡人们的

正论

互相争斗，必定以憎恨对方为理由为自己辩说，而不是以觉得受到侮辱为理由。现在那些滑稽演员、侏儒、供人戏弄的人互相谩骂侮辱而不互相争斗，难道是因为他们懂得了受到侮辱不是耻辱的道理吗？然而不互相争斗，是因为他们不憎恨对方。现在有人爬进了别人家的排水沟，偷走了人家的猪，主人就会拿着刀剑追赶他而不怕死伤，这难道是因为把丢掉猪当作耻辱吗？然而主人之所以不惧怕争斗，只是因为憎恨盗贼罢了。即使把受到侮辱当作耻辱，不憎恨对方也就不会争斗；即使懂得受到侮辱不是耻辱，如果憎恨对方就一定会争斗。由此可见争斗与不争斗，不在于感到耻辱与不感到耻辱，而在于憎恨与不憎恨对方。现在宋钘不能解除人们对侮辱的憎恨，却极力劝说人们在受到侮辱时不要感到耻辱，难道不是大错而特错吗？即使说破了嘴皮，也没有什么益处。不懂得这种做法没有益处就是不明智；懂得这种做法没有益处，还用来欺骗别人就不仁慈。不仁慈、不明智，这是最大的耻辱。自以为对人有益处，实际上对人没有一点益处，最后只能遭到奇耻大辱而离开而已。没有比这种说法更有害的了。"

子宋子曰："见侮不辱。"应之曰：凡议，必将立隆正然后可也。无隆正，则是非不分而辨讼不决。故所闻曰："天下之大隆，是非之封界，分职名象之所起，王制是也。"故凡言议期命，是非以圣王为师[1]，而圣王之分，荣辱是也。是有两端矣：有义荣者，有势荣者；有义辱者，有势辱者。志意修，德行厚，知虑明，是荣之由中出者也，夫是之谓义荣。爵列尊，贡禄厚，形势胜，上为天子诸侯，下为卿相士大夫，是荣之从外至者也，夫是之谓势荣。流淫污僈，犯分乱理，骄暴贪利，是辱之由中出者也，夫是之谓义辱。詈侮捽搏[2]，捶笞膑脚[3]，斩断枯磔[4]，藉靡舌缲[5]，是辱之由外至者也，夫是之谓势辱。是荣辱之两端也。故君子可以有势辱，而不可以有义辱；小人可以有势荣，而不可以有义荣。有势辱无害为尧，有势荣无害为桀。义荣、势荣，唯君子然后兼有之；义辱、势辱，唯小人然后兼有之。是荣辱之分也。圣王以为法，士大夫以为道，官人以为守，百姓以为成俗，万世不能易也。今子宋子案不然[6]，独诎容为己，虑一朝而改之，说必不行矣。譬之，是犹以垺涂塞江海也⑦，以焦侥而戴太山也⑧，蹎跌碎折不待顷矣⑨。二三子之善于子宋子者，殆不若止之，将恐得伤其体也⑩。

【注释】

① 是非：学者王引之认为当为"莫非"。

② 捽（zuó）搏：抓着头发打。捽，抓着头发。

③ 捶笞（chī）：用杖、鞭等抽打。膑（bìn）脚：古代剔去膝盖骨的刑罚。

④ 枯：弃市暴尸。磔（zhé）：车裂。

⑤ 藉靡：捆绑。靡，通"縻"，绳子。舌举（jǔ）：疑作"后缚"，反绑。

⑥ 案：却、而，表转折。

⑦ 垺：学者卢文弨认为当为"抔"字，用手捧。

⑧ 焦侥：传说中的矮人。

⑨ 蹎（diān）：跌倒。

⑩ 得：学者俞樾认为当为"复"字，反。

【译文】

宋钘说："遭受侮辱并不是耻辱。"回答说：凡是讨论问题，一定要确立一个最高的标准然后才行。没有一个最高的标准，那么就不能区分是非而辩论就无法解决。所以听到有人说："天下最高的标准，判断是非的界限，确定等级职位和名物制度的依据，就是古代圣王的制度。"所以凡是发言讨论或者规定事物的名称，是非标准没有不以圣王为表率的，而圣王的标准，就是推崇光荣和耻辱。光荣和耻辱各有两个方面：有道义方面的光荣，有权势方面的光荣；有道义方面的耻辱，有权势方面的耻辱。意志美好，德行淳朴，思虑精明，这是由自身产生的光荣，这就叫作道义方面的光荣。爵位尊贵，俸禄优厚，地位优越，在上的成为天子诸侯，在下的成为卿相士大夫，这是从外部得到的光荣，这就叫作权势方面的光荣。淫荡肮脏、违背名分、扰乱伦理，骄横强暴、贪图私利，这是从自身产生出来的耻辱，这就叫作道义方面的耻辱。遭受谩骂侮辱、被揪着头发打、被杖刑被鞭打、被剔除膝盖骨、被斩头砍断肢体、被五马分尸并弃市，被五花大绑，这是从外部得到的耻辱，这就叫作权势方面的耻辱。这是光荣和耻辱各自的两方面。所以君子可以有权势方面的耻辱，却不可以有道义方面的耻辱；小人可以有权势方面的光荣，而不会有道义方面的光荣。有权势方面的耻辱不会妨碍成为尧那样的人，有权势方面的光荣不会妨碍成为桀那样的人。道义方面的光荣、权势方面的光荣，只有君子才能同时拥有它们；道义方面的耻辱、权势方面的耻辱，只有小人才能同时拥有它们。这就是光荣和耻辱的不同。圣明的君王把它视为法度，士大夫把它视为原则，百官把它视为法规，百姓把它视为风俗习惯，这是万世也不会变易的。如今宋钘不是如此，他独自委屈受辱，想要有朝一日能改变荣辱的观念，他的说法一定行不通。打个比方说，就如同是用捏好的泥团去填塞江海一样，让侏儒焦侥去背负泰山一样，不到片刻就会跌倒在地粉身碎骨。几个和宋钘要好的人，不如及时去阻止他，否则将来恐怕反而会损伤自身。"

子宋子曰："人之情，欲寡，而皆以己之情为欲多，是过也。"故率其群徒，辨其谈说，明其譬称，将使人知情欲之寡也。应之曰："然则亦以人之情为欲①，目不欲綦色，耳不欲綦声，口不欲綦味，鼻不欲綦臭，形不欲綦佚。此五綦者，亦以人之情为不欲乎？"曰："人之情欲是已。"曰："若是，则说必不行矣。以人之情为欲此五綦者而不欲多，譬之是犹以人之情为欲富贵而不欲货也，好美而恶西施也②。古之人为之不然。以人之情为欲多而不欲寡，故赏以富厚而罚以杀损也③，是百王之所同也。故上贤禄天下，次贤禄一国，下贤禄田邑，愿悫之民完衣食。今子宋子以是之情为欲寡而不欲多也，然则先王以人之所不欲者赏，而以人之所欲者罚邪？乱莫大焉。今子宋子严然而好说④，聚人徒，立师学，成文曲⑤，然而说不免于以至治为至乱也，岂不过甚矣哉！"

【注释】

① 欲：学者卢文弨认为当为衍文。此句当连下文。

② 西施：春秋时期越国的美女。

③ 杀（shài）：减少。

④ 严然：通"俨然"，庄重整齐的样子。

⑤ 曲：学者王念孙认为当为"典"字，文章。

【译文】

宋钘说："人的本性是寡欲的，而现在人们都认为自己的本性是多欲的，这是错误的。"所以他率领自己的众多门徒，四处辩论他的学说，阐明他的譬喻和引证，希望人们能懂得人的本性是寡欲的。回答说："这样的话，那么您也认为人的本性是眼睛不想看到最美的颜色，耳朵不想听到最美的声音，嘴巴不想吃到最好的美味，鼻子不想闻到最香的气味，身体不想得到最大的安逸。这五种最好的享受，也是人的本性不想追求的吗？"宋钘回答说："人的本性是想要这些的。"回答说："如果这样，那么你的学说就肯定行不通了。认为人的本性想得到这五种最好的享受却不想要很多，打个比方说就如同是认为人的本性想富贵而不想得到钱财，喜爱美女而厌恶西施一样。古代的人就不会这样做事。他们认为人的本性是多欲而不是寡欲，所以用丰厚的财富来奖励赏赐而用减少俸禄来惩罚，这是历代帝王都一致的。所以上等的贤人享受天下的俸禄，次等的贤人享受一个诸侯国的俸禄，下等的贤人享受封邑的俸禄，忠厚诚实的百姓能保住衣食。如今宋钘认为古代的人的本性是寡欲而不是多欲，那么先代圣王是用人们不想得到的东西来奖励赏赐，而用人们想得到的东西来进行惩罚吗？没有比这更大的混乱了。现在宋钘一本正经地喜爱自己的学说，聚集门徒，创立学派，著书立说，然而他的学说不免把最安定的社会当作最混乱的社会来看，这难道不是大错而特错吗？"

礼论

礼起于何也？曰：人生而有欲，欲而不得，则不能无求；求而无度量分界，则不能不争；争则乱，乱则穷。先王恶其乱也，故制礼义以分之，以养人之欲，给人之求，使欲必不穷于物，物必不屈于欲，两者相持而长，是礼之所起也。故礼者，养也。刍豢稻粱，五味调香^①，所以养口也；椒兰芬苾^②，所以养鼻也；雕琢、刻镂、黼黻、文章，所以养目也；钟鼓、管磬、琴瑟、竽笙，所以养耳也；疏房、檖貌、越席、床第、几筵^③，所以养体也。故礼者，养也。君子既得其养，又好其别。曷谓别？曰：贵贱有等，长幼有差，贫富轻重皆有称者也。故天子大路越席，所以养体也；侧载睪芷，所以养鼻也；前有错衡，所以养目也；和鸾之声，步中《武》《象》，趋中《韶》《濩》，所以养耳也；龙旗九斿^④，所以养信也；寝兕、持虎、蛟韅、丝末、弥龙^⑤，所以养威也；故大路之马必倍至教顺，然后乘之，所以养安也。孰知夫出死要节之所以养生也？孰知夫出费用之所以养财也？孰知夫恭敬辞让之所以养安也？孰知夫礼义文理之所以养情也？故人苟生之为见，若者必死；苟利之为见，若者必害；苟怠惰偷懦之为安，若者必危；苟情说之为乐，若者必灭。故人一之于礼义，则两得之矣；一之于情性，则两丧之矣。故儒者将使人两得之者也，墨者将使人两丧之者也，是儒、墨之分也。

【注释】

① 香：学者王念孙认为当作"盉"，通"和"，调和、调味。

② 芬苾（bì）：芳香。

③ 檖貌（suì mào）：深邃的房屋。檖，通"邃"，深远。貌，古"貌"字，指庙。古代也把宫室称为"庙"。第（zǐ）：用竹子编成的床席。几筵：古

人席地而坐,倚靠的叫几,垫席叫筵。

④ 斿(yóu):指旗子上的飘带。

⑤ 寝兕:卧着的犀牛。持虎:蹲着的老虎。二者都是画在天子的车轮上的图案。蛟韅(xiǎn):马肚带。末:通"幭"(mì),古代车轼上的帘子。弥:车耳,车的两旁供人倚靠的地方。

【译文】

礼是在什么情况下产生的呢?回答说:人的欲望与生俱来,如果人的欲望不能得到满足,就不能没有追求;如果一味追求而没有标准和界限,就不能不互相争夺;一旦互相争夺就会产生混乱,一旦产生混乱就会陷于困境。古代的圣王厌恶这种混乱,所以制定礼义来确定等级名分,来调节人们的欲望,满足人们的需求,使人们的欲望不会因为财物的不足而得不到满足,财物绝不会因为满足人们的欲望而被耗尽,使欲望和财物二者互相制约而增长,这就是礼产生的原因。所以,礼是用来满足人们欲望的。猪、牛、羊、狗等肉食和稻米、谷子等细粮,五味调和的美食,是用来保养嘴巴的;椒树、兰草芳香怡人,是用来满足鼻子的;雕刻精美的器物,绣上美丽的花纹的衣服,是用来保养眼睛的;钟鼓、管磬,琴瑟、竽笙等弹奏的音乐,是用来保养耳朵的;宽敞明亮的房子、深邃的宫室、柔软的席子、舒适的床铺、矮桌和垫席,是用来保养躯体的。所以,礼是用来满足人们欲望的。君子既得到了欲望的满足,又喜爱礼的区别。什么叫作礼的区别?回答是:地位尊贵的和卑贱的有不同的等级、年纪大的和年幼的有分别,贫穷的和富裕的、权势尊贵的和权位卑微的都各得其所。所以,天子乘坐着宽大的车子、铺着蒲草编的席子,用来保养身体;车旁边插着香草,用来保养鼻子;车前面有画着交错花纹的横木,用来养护眼睛;车子的铃声,在车子慢行时和着《武》《象》的节奏,车子奔驰时符合《韶》《護》的节奏,用来保养耳朵;画着龙的旗帜上有九条飘带,用来保养神气;车轮上画着卧着的犀牛和蹲着的老虎、马肚子上系着用蛟鱼皮做的肚带、车上挂着丝织的车帘,车耳上刻着龙,用来保养威严;驾车的马一定要训练得特别驯服,然后才能乘坐,这是为了保证天子的安全。谁懂得献出生命坚持节操是为了养护生命?谁懂得花费钱财是为了保养钱财？谁懂得谦退恭敬是为了保养平安？谁懂得礼仪制度是为了保养情操？所以一个人如果只看到生，这样的人就一定会死；如果只看到利益，这样的人就一定会受到损害；如果只安于松懈、懒惰、苟且，这样的人就一定会遇到危险；如果只喜爱纵情享乐，这样的人就一定会灭亡。所以如果一个人专心致志于礼义，那么礼义和欲望两方面就都能得到满足；如果一门心思放在情性上，那么两方面就都会丧失。所以儒家要使人们两方面都顾及，墨家要使人们两方面都失掉，这就是儒家和墨家的不同。

礼有三本：天地者，生之本也；先祖者，类之本也；君师者，治之本也。无天地恶生？无先祖恶出？无君师恶治？三者偏亡焉，无安人。故礼上事天，下事地，尊先祖而隆君师，是礼之三本也。故王者天太祖①，诸侯不敢坏，大夫士有常宗②，所以别贵始。贵始，得之本也③。郊止乎天子，而社止于诸侯，道及士大夫④，所以别尊者事尊，卑者事卑，宜大者巨，宜小者小也。故有天下者事十世⑤，有一国者事五世，有五乘之地者事三世，有三乘之地者事二世，持手而食者不得立宗庙，所以别积厚，积厚者流泽广，积薄者流泽狭也。大飨，尚玄尊⑥，俎生鱼⑦，先大羹⑧，贵食饮之本也。飨，尚玄尊而用酒醴，先黍稷而饭稻粱。祭，齐大羹而饱庶羞⑨，贵本而亲用也。贵本之谓文，亲用之谓理，两者合而成文，以归大一⑩，夫是之谓大隆。故尊之尚玄酒也，俎之尚生鱼也，俎之先大羹也⑪，一也。利爵之不醮也⑫，成事之不俎不尝也，三臭之不食也⑬，一也。大昏之未发齐也⑭，大庙之未入尸也，始卒之未小敛也，一也。大路之素未集也⑮，郊之麻绖也⑯，丧服之先散麻也⑰，一也。三年之丧，哭之不反也，《清庙》之歌，一倡而三叹也，县一钟，尚拊、膈⑱，朱弦而通越也⑲，一也。

【注释】

① 太祖：一个朝代的开国皇帝。

② 常宗：专指由嫡长子传下来的宗族。

③ 得：通"德"，道德。

④ 道：祭路神。

⑤ 十：学者杨倞认为当作"七"。

⑥ 玄尊：盛着清水的酒杯，这里指以清水为酒。

⑦ 俎（zǔ）：盛祭品的器皿。

⑧ 大（tài）羹：没有调味的肉汁。

⑨ 齐：通"跻"，进献，供上。

⑩ 大一：通"太一"，上古时代。

⑪ 俎：学者王先谦认为当为"豆"，古代盛食品用的器皿，可以做祭器。

⑫ 利：古代祭祀时用一个活人代替死者受祭，称为"尸"，劝"尸"吃东西的人称为"利"。醮（jiào）：喝净。

⑬ 臭：通"侑"（yòu），劝食。

⑭ 昏：通"婚"，婚礼。发：举行。齐：通"醮"，古代婚礼时的一种仪式。

⑮ 未：学者俞樾认为当为"末"。集：学者俞樾认为当为衍文。

⑯ 麻绕：麻布帽。绕，通"冕"，帽子。

⑰ 散麻：小腰间系上麻带。

⑱ 拊、膈：均为古代乐器名。

⑲ 朱弦：染成红色的琴弦。通越：在瑟底打一孔，使声音低沉。

【译文】

礼法的本源有三个：天地是生命的本源；祖先是宗族的本源；国君是治国的本源。没有天地，怎么会有生命？没有祖先，怎么会有宗族？没有君主，如何治理国家？这三个方面缺少任何一部分，百姓就不会安宁。所以礼法对上侍奉天，对下侍奉地，尊崇祖先而推崇国君，这是礼法的三个根本。所以称王天下的人把太祖当作天来祭祀，诸侯不敢破坏太祖的庙，大夫和士都有百代不变的大宗，这样做是为了区分各自尊奉的始祖，尊重始祖，是道德的根本。到郊外祭天的只能是天子，祭祀土地神从天子到诸侯为止，祭祀路神可以延及士大夫，这是用来区别只有地位尊贵的人才能侍奉尊贵的、地位卑贱的人只能侍奉卑贱的，应该做大事的就做大事，应该做小事的就做小事。所以拥有天下的天子就可以祭祀七代祖先，拥有一个国家的诸侯就可以祭祀五代祖先，拥有一块五十里封地的大夫就可以祭祀三代祖先，拥有一块三十里封地的士就可以祭祀两代祖先，靠双手劳动来养活自己的普通百姓不能建立宗庙，这是用来区分功绩大小的，功绩大的人传给后人的恩德就广远，功绩小的人传给后人的恩德就狭小。在太庙里合祭历代祖先时，以盛着清水的酒杯为上等的祭品，在俎里放上生鱼，首先献上不加调味品的肉汤，这是为了尊重饮食的本源。四季祭祀祖先时，以盛有清水的酒杯为上等祭品，献上甜酒，首先献上黍、稷，再端上糯米谷子。每月祭祖时，首先献上不加调味品的肉汤，再献上各种美味的食品，这样做是尊重饮食的本源而又接近饮食的实际。尊重饮食的本源叫作礼的形式，接近饮食的实际叫作礼的内容，这两者结合起来就成为完备的礼仪制度，以趋向于远古时代的质朴，这就叫作最隆重的礼节。所以酒杯中以清水为最上等的祭品，俎里以生鱼为最上等的祭品，豆中先盛着不加调味品的肉汤，这些礼节与远古时代是相同的。代替死者受祭的人不把献酒人献上的酒喝光，祭祀之礼结束时俎中的生鱼不能吃，劝受祭者吃东西的人三次劝食而自己不吃东西，这些礼节与远古时代也是相同的。婚礼中还没有进行醮礼的时候，祭祀太庙而代替死者受祭的人尚未进庙的时候，人刚死还没有换上寿衣的时候，这些礼节与远古时代也是相同的。天子坐的大辂车上的没有染色的车帘，郊外祭天的时候戴的麻布帽，居丧的时候先在腰间系上散乱的麻带，这些礼节与远古时代也是相同的。三年的服丧期，哭声直号，好像往而不返，唱《清庙》之歌，一人先唱而三人随声应和，悬挂一口钟，崇尚使用拊和膈奏乐，把琴弦染成红色而在瑟底打孔，这些礼节与远古时代是相同的。

凡礼，始乎梲①，成乎文，终乎悦校②。故至备，情文俱尽；其次，情文代胜；其下，复情以归大一也。天地以合，日月以明，四时以序，星辰以行，江河以流，万物以昌，好恶以节，喜怒以当，以为下则顺，以为上则明，万物变而不乱，贰之则丧也。礼岂不至矣哉！立隆以为极，而天下莫之能损益也。本末相顺③，终始相应，至文以有别，至察以有说。天下从之者治，不从者乱；从之者安，不从者危；从之者存，不从者亡。小人不能测也。礼之理诚深矣，"坚白""同异"

之察入焉而溺；其理诚大矣，擅作典制辟陋之说入焉而丧；其理诚高矣，暴慢、恣睢、轻俗以为高之属入焉而队④。故绳墨诚陈矣，则不可欺以曲直；衡诚县矣，则不可欺以轻重；规矩诚设矣，则不可欺以方圆；君子审于礼，则不可欺以诈伪。故绳者，直之至；衡者，平之至；规矩者，方圆之至；礼者，人道之极也。然而不法礼，不足礼，谓之无方之民；法礼足礼，谓之有方之士。礼之中焉能思索，谓之能虑；礼之中焉能勿易，谓之能固。能虑能固，加好者焉，斯圣人矣。故天者，高之极也；地者，下之极也；无穷者，广之极也；圣人者，道之极也。故学者固学为圣人也，非特学为无方之民也。礼者，以财物为用，以贵贱为文，以多少为异，以隆杀为要。文理繁，情用省，是礼之隆也；文理省，情用繁，是礼之杀也；文理、情用相为内外表里，并行而杂⑤，是礼之中流也。故君子上致其隆，下尽其杀，而中处其中。步骤、驰骋、厉骛不外是矣⑥，是君子之坛宇、宫廷也。人有是⑦，士君子也；外是，民也；于是其中焉，方皇周挟⑧，曲得其次序，是圣人也。故厚者，礼之积也；大者，礼之广也；高者，礼之隆也；明者，礼之尽也。《诗》曰："礼仪卒度，笑语卒获。"此之谓也。

【注释】

① 挩(tuō)：通"脱"，简略。

② 校：学者郝懿行认为当为"恔"(xiào)，称心、愉悦。

③ 顺：通"巡"。

④ 队：通"坠"，失败。

⑤ 杂：通"集"，聚集。

⑥ 厉骛(wù)：飞奔。

⑦ 有：通"域"，居住。

⑧ 方皇：通"彷徨"。周挟：周遍。挟，通"浃"(jiā)。

【译文】

大凡礼，总是从简略开始，逐渐形成仪式，最后到使人愉悦。所以在最完备的礼法仪式中，感情和礼仪都能得到最充分的发挥；其次，是感情和礼仪互有胜负；最后，使感情归向于太古时代的质朴自然。礼使得天地调和，日月光明，四时有序，星辰运行，江河奔流，万物兴盛，好恶适中，喜怒有常，用礼来治理百姓就顺从，用礼来约束国君就会英明，万物千变万化而不混乱，而背离了礼就会丧失这一切。礼难道不是至高无上的吗？建立最完备的礼制并把它作为一切行为的最高准则，那么天下就没有人能对它进行增减。礼的根本和末节一致，开始和结束相互呼应，极其完备而又有等级区别，极其明察而又十分有条理。天下遵从礼的就能得到治理，不遵循礼的就会陷入混乱；遵从礼的国家就会安定，不遵从礼的国家就会危险；遵从礼的国家就能生存，不遵从礼的国家就会灭亡。小人是不能理解礼的这些作用的。礼的道理实在精深奥秘，"坚白""同异"这些诡辩进入礼中就被淹没了；礼的道理实在是广博，那些擅自编制的典章制度、庸俗邪僻进入礼中就会消亡了；礼的道理实在是高明，暴虐傲慢、恣肆放纵、轻视习俗自以为高尚的人进入礼中就会被折服。所以假如墨线真的摆在了面前，那么就不能用曲直来欺骗人了；秤真的悬挂在了面前，就不能用轻重来欺骗人了；圆规曲尺真的放在了面前，就不能用方圆来欺骗人了；君子懂得了礼，就不能用伪诈来欺骗他了。所以，墨线是直的最高标准；秤是公平的最高标准；规矩是方圆的最高标准；礼是做人治国的最高准则。然而不效法礼，不看重礼，就叫作没有原则的人；效法礼、看重礼，就叫作有原则的贤士。在礼的范围内思考探索问题，就叫作善于思虑；在礼的范围内能不变易，就叫作能够坚定。善于思虑、能够坚定，再加上喜爱它，这就是圣人了。所以天，是最高的了；地，是最低的了；无穷，是最广大的了；圣人，是道的最高境界了。所以学习的人本来就应学习做圣人，而不是做个无原则的人。礼，是用财物作为工具，用贵贱作为文饰，用多少作为差别，用隆重和简省作为纲要。如果礼节仪式繁多，而感情作用简省，这就是隆重的礼；如果礼节仪式简省，而感情作用繁多，这就是简约的礼；如果礼节仪式、感情作用互为内外表里，并行而又交错，这就是适中的礼。所以君子对于大礼要隆重，对于小礼要简约，对于适中的礼要适当。慢步、急行、奔跑都不会超越礼所规定的界限，这是君子的安身所在。人能在礼的范围内行动，这是士君子；超过礼所规定的范围，就是普通百姓；在礼的范围内，应付自如，而处处符合礼的要求，这是圣人。所以敦厚，这是礼的积累；大度，这是礼的广大；崇高，这是礼的隆盛；明察，这是礼的透彻。《诗经》中说："礼仪全部符合法度，说笑都符合规矩。"讲的就是这种情况。

礼者，谨于治生死者也。生，人之始也；死，人之终也。终始俱善，人道毕矣。故君子敬始而慎终。终始如一，是君子之道，礼义之文也。夫厚其生而薄其死，是敬其有知而慢其无知也，是奸人之道而倍叛之心也。君子以倍叛之心接臧谷①，犹且羞之，而况以事其所隆亲乎！故死之为道也，一而不可得再复也，臣之所以致重其君，子之所以致重其亲，于是尽矣。故事生不忠厚、不敬文谓之野，送死不忠厚、不敬文谓之瘠②。君子贱野而羞瘠，故天子棺椁十重③，诸侯五重，大夫三重，士再重，然后皆有衣衾多少厚薄之数④，皆有翣菨文章之等以敬饰之⑤，使生死终始若一，一足以为人愿，是先王之道，忠臣孝子之极也。天子之丧动四海，属诸侯⑥；诸侯之丧动通国，属大夫；大夫之丧动一国，属修士；修士之丧动一乡，属朋友；庶人之丧合族党，动州里。刑余罪人之丧不得合族党，独属妻子，棺椁三寸，衣衾三领，不得饰棺，不得昼行，以昏殣⑦，凡缘而往埋之⑧，反无哭泣之节，无衰麻之服⑨，无亲疏月数之等，各反其平，各复其始，已葬埋，若无丧者而止，夫是之谓至辱。礼者，谨于吉凶不相厌者也。纩纩听息之时⑩，则夫忠臣孝子亦知其闵已，然而殡殓之具未有求也；垂涕恐惧，然而幸生之心未已，持生之事未辍也；卒矣，然后作具之。故虽备家，必逾日然后能殡，三日而成服，然后告远者出矣，备物者作矣。故殡，久不过七十日，速不损五十日。是何也？曰：远者可以至矣，百求可以得矣，百事可以成矣，其忠至矣，其节大矣，其文备矣。然后月朝卜日，月夕卜宅，然后葬也。当是时也，其义止，谁得行之？其义行，谁得止之？故三月之葬，其貌以生设饰死者也，殆非直留死者以安生也，是致隆思慕之义也。

【注释】

①臧：奴仆。谷：孩童。

②瘠：薄。

③十：学者王引之认为当作"七"。

④衣衾：学者卢文弨认为当作"衣食"。

⑤翣翣（shà shà）：学者杨倞认为当作"萋萋（liǔ）"，指一种古代棺材上的装饰物。

⑥属：合，汇聚。

⑦殣（jìn）：掩埋、埋葬。

⑧凡：平常。缘：衣服上的边饰。

⑨衰（cuī）：通"缞"，用麻布做的丧服。

⑩纻纩（zhù kuàng）：以新棉絮试临死者的鼻息，看他是否断气。纻，放置。纩，新棉絮。

【译文】

礼，是用来谨慎地处理生与死的问题的。生，是人生的开始；死，是人生的结束。如果结束和开始都能处理得很好，那么为人之道就完备了。所以君子严肃地对待人的出生又慎重地对待人的死亡。对待死亡与对待出生的态度像对待同一件事一样，这是君子的原则，是礼义的表现。看重人活着的时候而看轻人死了的时候，这是敬重有知觉的活人而怠慢无知觉的死者，这是奸邪之人的处世原则和背叛他人的思想。君子用背叛他人的思想来对待奴仆和小孩，尚且认为这是可耻的，何况对待自己所敬重的国君和父母呢！死亡作为一种规律，只有一次而不可能再有第二次，臣子表达对国君的敬重，子女表达对父母的敬重，在对待他们的死亡这件事上表现得最完全了。所以如果侍奉生者不忠诚敦厚、不恭敬有礼就叫作粗野，葬送死者不忠诚敦厚、不恭敬有礼就叫作轻薄。君子鄙视粗野而认为轻薄是可耻的，所以天子的棺椁有七重，诸侯的有五重，大夫的有三重，士的有二重，此外对衣服祭品多少厚薄的数目、装饰物和花纹图案等根据等级的不同，又都有具体规定，使他们在生前与死后、开始生命与结束生命一样，使这完全满足人们的愿望，这是先代圣王的原则，也是忠臣孝子的最高准则。天子的丧事惊动天下，诸侯都来送葬；诸侯的丧事惊动盟国，大夫都来送葬；大夫的丧事惊动一国，上士都来送葬；

上士的丧事惊动一乡,朋友都来送葬;百姓的丧事聚集同族亲戚,惊动州里。受到刑罚的罪人的丧事不能聚集同族和亲戚来送葬,只能有妻子、儿女来参加,棺木只能有三寸厚,衣被只能有三套,不能装饰棺材,不能在白天送葬,只能在傍晚埋掉,妻子儿女穿着平时的衣服去埋葬,回家不能有哭丧的礼节,不允许披麻戴孝,没有因亲戚关系的亲疏而服丧时间不同的等级差别,各自回到平时生活的状态,各自恢复到自己当初的样子,已经埋葬了死者,就如同是没有死过人一样而丧礼一律废止,这就叫作最大的耻辱。礼,是用来谨慎地对待吉凶两类事使它们不能互相侵犯的。拿着新的棉絮放在临终之人的鼻前来查看他的气息的时候,即便是忠臣孝子也知道他的生命垂危了,但是殡葬入殓的用具还不能去考虑;虽然流泪恐惧,但是希望他能活下来的念头还没有终止,侍奉活人的事没有终止;等到人死了,然后才能准备丧葬用品。所以即使是丧葬用品已经准备好的人家,也一定要等过一天才能入棺殡殓,三天后才能穿上孝服,然后到远方亲友处去报丧的人才能出发,准备治丧用品的人才开始操办。所以殡葬的时间,长的不能超过七十天,短的也不短于五十天。这是什么原因呢?回答说:远方的亲友可以赶到了,所有物品都准备好了,各种事情都完成了,人们的忠心尽到了,人们的礼节很盛大了,人们的礼仪很完备了。然后才在月初占卜埋葬的地方,月末占卜埋葬的日期,然后才能埋葬。在这个时候,谁能去做不合道义的事呢?谁能禁止符合道义的事呢?所以三个月的葬礼,它表面上是用死者生前的陈设来文饰死者,实际上恐怕并不是想留下死者来安慰生者,而是对死者表达尊重仰慕和思念之情啊!

丧礼之凡[①]:变而饰,动而远,久而平。故死之为道也,不饰则恶,恶则不哀,尔则玩[②],玩则厌,厌则忘[③],忘则不敬。一朝而丧其严亲,而所以送葬之者不哀不敬,则嫌于禽兽矣[④],君子耻之。故变而饰,所以灭恶也;动而远,所以遂敬也;久而平,所以优生也。礼者,断长续短,损有余、益不足,达爱敬之文,而滋成行义之美者也。故文饰、粗恶,声乐、哭泣,恬愉、忧戚,是反也,然而礼兼而用之,时举而代御[⑤]。故文饰、声乐、恬愉,所以持平奉吉也;粗衰、哭泣、忧戚⑥，所以持险奉凶也。故其立文饰也，不至于窕冶⑦；其立粗衰也，不至于瘠弃；其立声乐恬愉也，不至于流淫惰慢；其立哭泣哀戚也，不至于隘慑伤生⑧，是礼之中流也。

【注释】

① 凡：常道。

② 尔：通"迩"，近。

③ 忘：学者久保爱认为当为"怠"，怠慢。下同。

④ 嫌：接近。

⑤ 时：更。

⑥ 衰：学者王念孙认为当为"恶"。

⑦ 窕（yáo）冶：妖艳。

⑧ 隘（ài）：穷，这里引申为过分的。慑：悲戚。

【译文】

丧礼的常道是：人死了尸体变形就需要装饰，举行丧礼后死者远去，时间长了哀恸死者的内心就恢复了平静。所以料理死亡的做法是，不加修饰就会难看，难看了生者就不会感到悲哀；离死者近了就不严肃，不严肃就会产生厌恶，厌恶就会怠慢，怠慢就会不恭敬。如果有一天自己的双亲死了，而葬礼不悲哀不恭敬，那就近于禽兽了，君子认为这样的事是可耻的。所以人死了就要加以修饰，这是用来消除厌恶的；举行丧礼而死者远去，是用来表达恭敬之意的；时间长了哀恸死者的内心就恢复了平静，是为了调养生者的。礼，是取长补短，减少有余、弥补不足，是表达爱慕恭敬的仪式，来养成推行礼法道义的美德的。所以文饰和粗恶，音乐和哭泣，愉快和忧戚，本来是对立的，然而礼都加以适时采用，交替运用。所以文饰、音乐、愉快，是用来对待平安和吉祥的事；粗恶、哭泣、忧戚，是用来对待危险和不幸的事。所以在设立仪式修饰时，不至于流于妖艳；设立简陋的仪式时，不至于太刻薄；设立欢乐愉快的仪式时，不至于淫荡懈怠；设立哭泣悲哀的仪式时，不至于因过分悲伤而损害身体，这就是礼的中和之道。

荀子

故情貌之变足以别吉凶,明贵贱亲疏之节,期止矣①;外是,奸也,虽难,君子贱之。故量食而食之,量要而带之②。相高以毁瘠,是奸人之道也,非礼义之文也,非孝子之情也,将以有为者也。故说豫娩泽③,忧戚萃恶④,是吉凶忧愉之情发于颜色者也。歌谣謸笑⑤,哭泣谛号⑥,是吉凶忧愉之情发于声音者也。刍豢、稻粱、酒醴、餰鬻、鱼肉、菽藿、酒浆⑦,是吉凶忧愉之情发于食饮者也。卑绋、黼黻、文织⑧,资粗、衰绖、菲缪、菅屦⑨,是吉凶忧愉之情发于衣服者也。疏房、檖貌、越席、床笫、几筵,属茨、倚庐、席薪、枕块⑩,是吉凶忧愉之情发于居处者也。两情者,人生固有端焉。若夫断之继之,博之浅之,益之损之,类之尽之,盛之美之,使本末终始莫不顺比,足以为万世则,则是礼也。非顺孰修为之君子,莫之能知也。故曰:性者,本始材朴也;伪者⑪,文理隆盛也。无性则伪之无所加,无伪则性不能自美。性伪合,然后圣人之名一,天下之功于是就也。故曰:天地合而万物生,阴阳接而变化起,性伪合而天下治。天能生物,不能辨物也;地能载人,不能治人也;宇中万物、生人之属,待圣人然后分也。《诗》曰:"怀柔百神,及河乔岳。"⑫此之谓也。

【注释】

① 期:学者杨倞认为当为"斯",此。

② 要:通"腰"。

③ 说:通"悦"。娩(wǎn):明媚。

④ 萃:通"悴",面容憔悴。

⑤ 謸:通"傲",开玩笑。

⑥ 谛(tí):通"啼"。

⑦ 餰(zhān)鬻:亦作"饘粥",即稠粥。鬻,通"粥"。藿:豆叶。酒浆:学者王念孙认为当为"水浆"。

⑧ 阜(pí)绋:通"裨冕",即祭服。

⑨ 衰绖(cuī dié):丧服。菲缪:薄而稀的布。菅(jiān)屦:用菅草编的鞋子。

⑩ 属茨:用草编成屋顶的房子。倚庐:守丧之人住的简陋的木头房子。

⑪ 伪:人为。

⑫ 乔岳:高山。

【译文】

所以神情容貌的变化足够用来辨别吉凶,显示贵贱亲疏的礼节,这就足够了;如果不是如此,那就是奸邪的行为,即使难以做到,君子也看不起它。所以,要根据食量来吃饭,要依据腰围来系带。为了标榜自己的高尚而毁坏自己的身体,这是奸邪之人的做法,不符合礼义的规定,不是孝子的真情,而是另有所图。所以高兴欢乐、面色红润,忧伤悲哀、面色憔悴,这是吉利与不幸、忧愁与愉快的心情在脸色上的表现。唱歌嬉戏、哭泣啼号,这是吉利与不幸、忧愁与愉快的心情在声音上的表现。牛羊猪狗等肉食、稻米谷子等细粮,和甜酒、稀粥、鱼肉、豆叶、水浆,这是吉利与不幸、忧愁与愉快的心情在饮食上的表现。祭服、礼服、有花纹的丝织品,粗布、丧服、单薄的麻衣、草鞋,这是吉利与不幸、忧愁与愉快的心情在衣服上的表现。宽敞的房屋、深邃的宫室、柔软的蒲席、舒适的床、矮桌和垫子,用草盖顶的房子、守丧时的简陋木房、柴草铺成的席子、用土块做成的枕头,这是吉利与不幸、忧愁与愉快的心情在居所上的表现。人们的这两种心情,是人一出生就有的。至于斩断它或继续它,丰富它或简化它,增加它或减少它,或者使它触类旁通而又能充分表达,或者使它丰盛而又完美,或者使本末始终相和顺,足以成为万世的法则,这就是礼。如果不是顺从、精通礼而又努力实践礼法的君子,是不能懂得这个道理的。所以说:人的本性,是自然的材质;人为的努力,就是使礼节仪式更隆重盛大。如果没有本性那么人为就无从施加,没有人为那么本性就不能使自己完美。本性与人为相合,然后圣人的声名才能纯一,天下的功业就完成了。所以说:天地相互配合就生成了万物,阴阳相互交接就出现了变化,本性与人为相互结合就使天下安定了。上天能产生万物,而不能治理万物;大地能负载人类,而不能治理人类;世间的万物和人类,必须依靠圣人然后才能各得其所。《诗经》中说:"安抚所有的神仙,祭祀黄河高山。"讲的就是这种情况。

丧礼者,以生者饰死者也,大象其生以送其死也。故如死如生①,如亡如存,终始一也。始卒,沐浴、鬠体、饭唅②,象生执也。不沐则濡栉三律而止③,不浴则濡巾三式而止④。充耳而设瑱⑤,饭以生稻,唅以槁骨⑥,反生术矣。说亵衣⑦,袭三称,缙绅而无钩带矣⑧。设掩面儇目⑨,鬠而不冠笄矣⑩。书其名,置于其重⑪,则名不见而柩独明矣。荐器则冠有鍪而毋继⑫,瓮、庑虚而不实⑬,有簟席而无床第,木器不成斫,陶器不成物,薄器不成内⑭,笙竽具而不和,琴瑟张而不均,舆藏而马反,告不用也。具生器以适墓,象徙道也。略而不尽,貌而不功⑮,趋舆而藏之,金革辔靷而不入⑯,明不用也。象徙道,又明不用也,是皆所以重哀也。故生器文而不功,明器貌而不用。凡礼,事生,饰欢也;送死,饰哀也;祭祀,饰敬也;师旅,饰威也。是百王之所同,古今之所一也,未有知其所由来者也。故圹垄,其貌象室屋也;棺椁,其貌象版盖斯拂也⑰;无帾丝歶缕翣⑱,其貌以象菲帷帱尉也⑲,抗折⑳,其貌以象槾茨番阏㉑。故丧礼者,无它焉,明死生之义,送以哀敬而终周藏也。故葬埋,敬藏其形也;祭祀,敬事其神也;其铭、诔、系世,敬传其名也。事生,饰始也;送死,饰终也。终始具而孝子之事毕,圣人之道备矣。刻死而附生谓之墨,刻生而附死谓之惑,杀生而送死谓之贼。大象其生以送其死,使死生终始莫不称宜而好善,是礼义之法式也,儒者是矣。

【注释】

①如:学者俞樾认为当为"事",侍奉、对待。下同。

②鬠(kuò):把头发束在一起。体:剪指甲。饭唅:把珠、玉、贝、米之类放入死者口中,东西视死者身份而定。

③栉(zhì):梳篦等物的总称。律:梳头发。

④式:通"拭",擦拭。

⑤瑱(tiàn):塞耳的玉。

⑥槁骨:一种贝壳。

⑦说:学者卢文弨认为当为"设"字,陈设。亵(xiè)衣:内衣。

⑧ 缙(jìn)绅：把笏板插在腰带上。缙，通"搢"，插。绅，古代贵族束在腰间的大腰带。

⑨ 幎(xuān)目：覆盖死者面部的黑色方巾。

⑩ 笄(jī)：簪子。

⑪ 重：用木头做的神主牌。

⑫ 鍪(móu)：帽子。缡(shǐ)：一种包头发用的丝织品。

⑬ 庣(wǔ)：通"甒"，一种陶质器皿。

⑭ 内：学者王念孙认为当为"用"。

⑮ 颒：通"貌"。下同。

⑯ 靷(yǐn)：车上套马用的皮带。

⑰ 版：车两旁遮挡风沙用的厢板。盖：车顶盖。斯：学者应劭认为当为"靳"字，车前皮革制的一种装饰。拂：即"弗"，车后的一种遮盖装置。

⑱ 帠：通"帠"(hū)，覆盖尸体的幕布一类东西。帾(chǔ)：通"褚"，棺材上的覆盖物。翣(yú)：棺木上的一种装饰物。

⑲ 菲：草帘。帷：帷帐。尉：通"罻"(wèi)，网状的帐子。

⑳ 抗折：葬具。抗，用来挡土的葬具。折，用来垫在坑下的葬具。

㉑ 墁(màn)：用泥涂抹墙壁和屋顶。茨(cí)：用茅草盖房子。番阏(è)：用篱笆编成的围墙。番，篱笆。阏，遮塞，这里指用以挡风尘的门。

【译文】

丧礼，是用活人的标准来修饰死者的，大体模仿他活时的情形来为他送葬。所以对待死亡就如同对待出生一样，对待死者就如同是对待活人一样，始终如一。人刚去世时，给他洗头洗澡、束发剪指甲、口中含饭，模仿他活时的行为。不洗头就用湿梳子梳理三次，不洗澡就用湿毛巾擦拭三遍。用新棉塞住耳朵，口中放上生饭，含着贝壳，这和出生时相反了。穿好内衣，再穿上三件外衣，把朝板插在腰带上但不用带钩。用黑色丝巾把面目遮盖起来，束起头发但不戴帽子、不插簪子。写上他的名字放在他的神主牌位上，这样死者的名字就看不见，而只能在灵柩前才能看清楚了。陪葬的器物有帽子但没有束发的丝帕，瓮、甒中空着不放东西，有竹席但没有床垫，木器不用雕琢，陶器不制成实物，竹器不能使用,笙、瑟具备但不能调节音调,拉棺材的车子埋葬而把马牵回,这表明都不用了。把生前的器物送到墓中,像搬家一样。器物简略而不完备,徒具外表而没有功效,赶着车子把它埋掉,但套车的用具却不埋进墓中,表明这些东西不用了。像搬家,又表明不用了,这都是为了增加哀悼之情的。所以生前的器物只起礼仪作用而不再使用了,陪葬的器物徒具外貌而不实用。凡是礼,侍奉生者,是为了让生者欢乐;葬送死者,是为了表达对死者的哀伤;祭祀祖先,是为了表达对死者的尊敬;军队的礼仪,是为了展示军队的威武。这是历代君王都一致的,古往今来都是一样的,没有人知道它的来源。所以坟墓的外表像房屋;棺椁外表像车子;尸体与棺材上的各种装饰盒覆盖物,外表像帘子及各种帷帐;挡土和垫在坑下的葬具,外表像墙壁、屋顶、篱笆和门户。所以丧礼,没有其他的意思,是为了表明死与生的区别,用悲哀恭敬的心情去送别死者而最后周到地把死者掩埋。所以埋葬,是恭敬地埋藏死者的尸骸;祭祀,是恭敬地侍奉死者的灵魂;铭文、悼词、家谱,是为了恭敬地传颂死者的声名。侍奉出生的人,是装饰人生的开始;葬送死者,是装饰生命的结束。结束与开始完备了而孝子的责任也就尽到了,而圣人的道德就具备了。削减死者的而为生者增益的叫作刻薄,削减生者的来为死者增益的叫糊涂,杀掉生者来陪葬死者叫残害。大体模仿死者生前的情形来葬送死者,使死生、开始和结束无不恰当、适宜而又非常完美,这是礼义的法则,儒者就是如此。

三年之丧何也? 曰:称情而立文,因以饰群,别亲疏、贵贱之节,而不可益损也。故曰:无适不易之术也。创巨者其日久,痛甚者其愈迟,三年之丧,称情而立文,所以为至痛极也。齐衰、苴杖、居庐、食粥、席薪、枕块①,所以为至痛饰也。三年之丧,二十五月而毕,哀痛未尽,思慕未忘,然而礼以是断之者,岂不以送死有已,复生有节也哉? 凡生乎天地之间者,有血气之属必有知,有知之属莫不爱其类。今夫大鸟兽则失亡其群匹②,越月逾时则必反铅③;过故乡,则必徘徊焉,鸣号焉,踯躅焉④,踟蹰焉⑤,然后能去之也。小者是燕爵⑥,犹有啁噍之顷焉⑦,然后能去之。故有血气之属莫知于人,故人之于其亲也,至死无穷。将由夫愚陋淫邪之人与?则彼朝死而夕忘之,然而纵之,则是曾鸟兽之不若也,彼安能相与群居而无乱乎?将由夫修饰之君子与?则三年之丧,二十五月而毕,若驷之过隙,然而遂之,则是无穷也。故先王圣人安为之立中制节,一使足以成文理,则舍之矣。然则何以分之?曰:至亲以期断^⑧。是何也?曰:天地则已易矣,四时则已遍矣,其在宇中者莫不更始矣,故先王案以此象之也。然则三年何也?曰:加隆焉,案使倍之,故再期也。由九月以下何也?曰:案使不及也。故三年以为隆,缌、小功以为杀^⑨,期、九月以为间。上取象于天,下取象于地,中取则于人,人所以群居和一之理尽矣。故三年之丧,人道之至文者也,夫是之谓至隆,是百王之所同,古今之所一也。

【注释】

① 齐衰(zī cuī):一种熟麻布做的丧服。苴(jū)杖:服丧时拄的竹杖。

② 则:若,如果。

③ 铅(yán):通"沿",巡视。

④ 踟蹰(zhí zhú):徘徊不进的样子。

⑤ 踟蹰(chí chú):犹豫不决的样子。

⑥ 爵:通"雀"。

⑦ 啁噍(zhōu jiū):小鸟鸣叫声。

⑧ 期(jī):一周年,满一年称"期"。

⑨ 缌(sī):穿着用细麻布制的丧服,服期三个月,这是古代五种丧服中最轻的一种。小功:穿着用较细的熟麻布制的丧服,服期五个月。

【译文】

为什么服丧三年呢?回答说:根据感情的程度来确定礼仪制度,用来文饰人群,区别亲疏、贵贱不同的礼节,而不能有所增减。所以说:这是无论何时何地都不能改变的做法。创伤大的恢复起来时间就长,悲痛厉害的愈合起来就慢,三年的服丧,是根据感情的程度确定的礼仪,是用来表达哀痛到了极点了。穿丧服、拄着竹杖、住在小木屋、喝稀粥、睡在柴草上、枕着土块,这是极度哀痛的表现。三年的服丧,二十五月就结束了,哀痛还没有断尽,思念还没有忘却,然而礼法规定丧礼在这时终止,这难道不是因为送死总要有个完结,恢复生活总要有个期限吗! 凡是生活在天地之间的,有血气的动物就必定有知觉,有知觉的动物就必定爱它们的同类。现在那些大的鸟兽如果和群体或配偶分开了,经过一个月或一段时间就必定返回原地寻找;经过故乡,就一定徘徊不前,鸣叫啼号,飞来飞去,踌躇不决,然后才肯离去。小的燕雀之类,也要悲鸣一段时间,然后才会飞走。所以有血气的动物中没有比人更聪明的了,所以人对于父母的亲情,至死也不会穷尽。要顺着那些愚钝、卑鄙、淫荡、奸邪的人吗? 那么如果他们的双亲早上死了到了晚上他们就忘记了,然而这样还放纵他们,那么就连鸟兽也不如了,他们怎么能相互群居在一起而不发生混乱呢? 要顺着那些品德高尚的君子吗? 那么三年的服丧,二十五月就结束,就如同是四匹马拉的车飞过一个缝隙,然而如果依照他们的心愿,那么服丧之期就没有尽头了。所以先王圣人为人们设立了适中的制度加以调节限制,使大家只要做到了礼仪的要求,就可以结束丧期。然而怎样来区分亲疏的丧期呢? 回答说:父母的丧礼一周年就要终止服丧。这是什么原因呢? 回答说: 天地已经改变了,四季已经循环了一遍,世间万物没有不重新开始的,所以先代圣王以此来象征新的开始。那么为什么又要服丧三年呢? 回答说:为了使丧礼更加隆重,于是使丧期加倍,所以又服丧两年。服丧九个月以下的,是什么原因呢? 回答说:为了使丧礼不如父母的丧礼隆重。所以服丧三年是最隆重的礼,服丧三个月和五个月的缌和小功是最轻的礼,服丧一年或九个月是中间的礼。上取象于天,下取象于地,中取法于人,人们之所以能够群居在一起和谐统一的道理也就完全体现出来了。所以三年的服丧,是人道最高的礼仪,这就叫作最隆重的礼,这是历代君王都一致的,古往今来都是一样的。

　　君之丧所以取三年,何也? 曰: 君者,治辨之主也,文理之原也,情貌之尽也,相率而致隆之,不亦可乎?《诗》曰:"恺悌君子,民之父母。"① 彼君子者,固有为民父母之说焉。父能生之,不能养之②；母能食之，不能教诲之；君者，已能食之矣，又善教诲之者也，三年毕矣哉？乳母，饮食之者也，而三月；慈母，衣被之者也，而九月；君，曲备之者也，三年毕乎哉！得之则治，失之则乱，文之至也；得之则安，失之则危，情之至也。两至者俱积焉，以三年事之犹未足也，直无由进之耳。故社，祭社也；稷③，祭稷也；郊者，并百王于上天而祭祀之也。三月之殡何也？曰：大之也，重之也。所致隆也，所致亲也，将举措之，迁徙之，离宫室而归丘陵也，先王恐其不文也，是以籢其期④，足之日也。故天子七月，诸侯五月，大夫三月，皆使其须足以容事⑤，事足以容成，成足以容文，文足以容备，曲容备物之谓道矣。

【注释】

① 恺悌（kǎi tì）：和蔼可亲。

② 养：学者王念孙认为当为"食"，喂食。

③ 稷：谷神。

④ 籢：通"遥"，远，引申为延长。

⑤ 须：等待。

【译文】

国君的丧期之所以要选择三年，这是什么原因呢？回答说：国君是治理天下的主宰，是礼仪制度的本源，是忠诚的内心与恭敬的外表的最高境界，人们争相来极力推崇国君，难道不是应该的吗？《诗经》中说："平易近人的君子，是百姓的父母。"国君，本来就有百姓父母的说法。父亲能生育，但不能喂养自己；母亲能喂养，但不能教诲自己；国君，既能养育自己，又善于教诲自己，为他服丧三年就完毕了吗？乳母，是喂养自己的人，所以要为她服丧三个月；养母，是给自己穿衣盖被的人，所以要为她服丧九个月；国君是处处照顾自己的人，为他服丧三年就完毕了吗？按照这样做国家就能治理好，不按照这样做国家就会陷入混乱，这是最高的礼仪制度；按照这样做国家就会安定，不这样做国家就会遭遇危险，这是感情的最充分表达。这两方面积聚起来，用三年时间服丧还不足以充分表达，只是没法再延长罢了。所以社祭，是祭祀土地神；稷祭，是祭祀谷神；郊祭，是把历代君王与上天一块祭祀。出殡后三个月才埋葬是什么原因呢？回答说：这是为了使丧礼盛大，使丧礼隆重。为了对死者表示最大的尊重，最大的亲近，要准备安葬他，迁移他，离开宫室而归葬到丘陵中，先代圣王担心丧葬不符合礼仪，所以推迟丧葬的日期，使丧葬的时间充足。所以天子停枢七个月，诸侯是五个月，大夫是三个月，使各种事情有足够的时间来办理，使事情都保证有成效，有成效保证能符合礼仪，礼仪保证周到完备，各方面都周到、各种事物都完备这就叫作符合丧礼的原则。

祭者，志意思慕之情也[①]。僻诡、唈僾而不能无时至焉[②]。故人之欢欣和合之时，则夫忠臣孝子亦僻诡而有所至矣。彼其所至者甚大动也，案屈然已[③]，则其于志意之情者惆然不嗛[④]，其于礼节者阙然不具。故先王案为之立文，尊尊亲亲之义至矣。故曰：祭者，志意思慕之情也，忠信爱敬之至矣，礼节文貌之盛矣，苟非圣人，莫之能知也。圣人明知之，士君子安行之，官人以为守，百姓以成俗。其在君子，以为人道也；其在百姓，以为鬼事也。故钟鼓、管磬、琴瑟、竽笙，《韶》《夏》《護》《武》《汋》《桓》《箾》《简》《象》[⑤]，是君子之所以为僻诡其所喜乐之文也。齐衰、苴杖、居庐、食粥、席薪、枕块，是君子之所以为僻诡其所哀痛之文也。师旅有制，刑法有等，莫不称罪，是君子之所以为僻诡其所敦恶之文也。卜筮视日，斋戒修涂[⑥]，几筵、馈荐、告祝[⑦]，如或飨之；物取而皆祭之，如或尝之；毋利举爵，主人有尊[⑧]，如或觞之；宾出，主人拜送，反易服，即位而哭，如或去之。哀夫！敬夫！事死如事生，事亡如事存，状乎无形影，然而成文。

【注释】

① 情：学者王念孙认为当为"积"，积累。

② 僻(gě)诡：变异感动的样子。唈僾(yì'ài)：郁郁不乐的样子。

③ 屈：竭尽。

④ 嗛(qiè)：愉快、满足。

⑤《夏》：即大夏，相传是禹时的舞曲名。《汋(zhuó)》《桓》：均是《诗

经·周颂》的篇名。一说前者为周文王的舞曲名,后者为祭祀武王的乐歌。《酌(shuò)》:歌颂周文王的舞曲名。简:学者王念孙认为当为衍文。

⑥修涂:通"修除",指清扫祠庙。

⑦告祝:祭礼礼仪之一。祝,辅助祭祀的人。

⑧有:通"侑",劝。尊:一种酒器。有尊即献酒。

【译文】

祭祀,就是人们心意和思念之情的累积。人们的感动、郁闷不能不在一定的时间里表达出来。所以在人们欢乐团聚时,那么忠臣孝子也会受到感动而使思念国君和双亲之情有所表现。他们所要表现的感情十分强烈,但如果礼节空无所有,那么他们的思念之情就会惆怅而得不到满足,对于礼节就会感到欠缺而不完备。所以先代圣王为此设立了礼仪,使尊重国君、亲爱父母之情就能表达出来了。所以说:祭祀,是人们心意和思念之情的累积,是人们忠信敬爱到达了顶点,是礼节仪式的最高表现,如果不是圣人,是没有人能懂得这一点的。圣人清楚地懂得它的意义,士人、君子安然地实行它,官吏把它作为自己的职守,百姓把它作为风俗习惯。而在君子看来,把它作为为人的原则;在百姓那里,把它看作鬼神的事。所以钟鼓、管磬、琴瑟、竽笙等乐器,《韶》《夏》《頀》《武》《汋》《桓》《酌》《象》等乐曲,是君子表达他喜乐感情变化的礼节仪式的。穿丧服、拄着竹杖、住在小木屋、喝稀粥、睡在柴草上、枕着土块,是君子表达他哀痛感情变化的礼节仪式。军队有一定的制度,刑法有一定的等级,刑罚没有不与罪行相称的,是君子表达他憎恶感情变化的礼节仪式。占卜算卦要看日子的吉凶,斋戒、清扫祠庙,摆好祭祀的桌椅、进献祭品、受祭的人吩咐辅祭的人,就如同是神真的在享用一样;祭品取出来一一祭祀,就如同是神真的在品尝一样;不用劝食的人代主人敬酒,主人亲自举杯献酒,就如同是神真的在喝酒一样;宾客退出,主人拜送,返回后把祭服脱掉换上丧服,回到原来的位置上痛哭,就如同是神真的离开了一样。悲哀啊! 恭敬啊! 对待死亡就如同是对待出生,侍奉死者就如同是侍奉活人,虽然无形无影,然而却是一种礼仪的规定。

乐论

夫乐者,乐也,人情之所必不免也,故人不能无乐。乐则必发于声音,形于动静,而人之道,声音、动静、性术之变尽是矣。故人不能不乐,乐则不能无形,形而不为道^①,则不能无乱。先王恶其乱也,故制《雅》《颂》之声以道之,使其声足以乐而不流,使其文足以辨而不谍^②,使其曲直、繁省、廉肉、节奏足以感动人之善心^③,使夫邪污之气无由得接焉。是先王立乐之方也,而墨子非之,奈何! 故乐在宗庙之中,君臣上下同听之,则莫不和敬;闺门之内,父子兄弟同听之,则莫不和亲;乡里族长之中,长少同听之,则莫不和顺。故乐者,审一以定和者也,比物以饰节者也^④,合奏以成文者也,足以率一道,足以治万变。是先王立乐之术也,而墨子非之,奈何!

【注释】

① 道:同"导",引导。

② 谍(xǐ):邪。

③ 廉肉:形容声音清晰而饱满。

④ 比:合。物:乐器。

【译文】

音乐,就是快乐的感情表现,是人的感情所不可或缺的,所以人不能没有音乐。人有喜乐之情就一定会通过声音表露出来,会通过人的行为表现出来,人之所以为人,就是因为人的声音、行为、思想感情变化都表现在音乐中了。所以人不能不快乐,有快乐就不能不表现出来,而如果这种快乐的表现不加以引导,就不能不发生混乱。先代圣王厌恶这种混乱，所以制定了《雅》乐、《颂》乐来加以引导，使乐声能够表现快乐的情绪而不放荡，使乐章能够辨别又明白乐曲的含义而不邪僻滞涩，使音乐的曲直、繁简、清浊、节奏等能够感发人们的善良之心，使那些邪秽污浊之气无从接触人们。这是先代圣王创立音乐的原则，而墨子却反对音乐，真是无可奈何啊！所以在宗庙之中奏响音乐，君主和臣子一起倾听，就没有不和谐恭敬的；在家庭之中奏响音乐，父子兄弟共同倾听，就没有不和谐亲近的；在乡里亲族之中奏响音乐，年长的与年少的共同倾听，就没有不和谐温顺的。所以音乐是审定一个基本的音调来确定乐调是否和谐的，是配合上各种乐器来调整节奏是否和谐的，是共同演奏来形成完整的乐曲的。这样的音乐完全可以用来统率大原则，完全可以用来应对各种事情变化。这是先代圣王创立音乐的方法，而墨子却反对音乐，真是无可奈何啊！

故听其《雅》《颂》之声，而志意得广焉；执其干戚[①]，习其俯仰屈伸，而容貌得庄焉；行其缀兆[②]，要其节奏，而行列得正焉，进退得齐焉。故乐者，出所以征诛也，入所以揖让也。征诛揖让，其义一也。出所以征诛，则莫不听从；入所以揖让，则莫不从服。故乐者，天下之大齐也，中和之纪也，人情之所必不免也。是先王立乐之术也，而墨子非之，奈何！且乐者，先王之所以饰喜也；军旅鈇钺者[③]，先王之所以饰怒也。先王喜怒皆得其齐焉。是故喜而天下和之，怒而暴乱畏之。先王之道，礼乐正其盛者也，而墨子非之。故曰：墨子之于道也，犹瞽之于白黑也，犹聋之于清浊也，犹欲之楚而北求之也。夫声乐之入人也深，其化人也速，故先王谨为之文。乐中平则民和而不流，乐肃庄则民齐而不乱。民和齐则兵劲城固，敌国不敢婴也[④]。如是，则百姓莫不安其处，乐其乡，以至足其上矣。然后名声于是白，光辉于是大，四海之民莫不愿得以为师。是王者之始也。乐姚冶以险，则民流僈鄙贱矣。流僈则乱，鄙贱则争。乱争则兵弱城犯，敌国危之。如是，则百姓不安其处，不乐其乡，不足其上矣。故礼乐废而邪音起者，危削侮辱之本也。故先王贵礼乐而贱邪音。其在序官也，曰："修宪命，审诗商[⑤]，禁淫声，以时顺修,使夷俗邪音不敢乱雅,太师之事也。"

【注释】

① 干戚:干,盾牌。戚,斧头。这里指用于表演反映战争活动的舞具。

② 缀兆:舞者的行列位置。缀指行列的标志,兆指行列的位置。

③ 铁钺(fū yuè):大斧,古代的刑具。铁,通"斧"。钺,大斧。

④ 婴:通"撄",侵犯。

⑤ 诗商:即诗章。商通"章"

【译文】

　　所以人们听到《雅》《颂》的音乐声,意志和心胸就开阔了;手里拿着盾、斧等舞蹈道具,练习俯仰、屈伸之类的舞蹈动作,而体态容貌就显得庄重了;跳在舞蹈的行列位置上,按照音乐的节拍做动作,这样队列就方正了、进退就整齐有序了。所以,音乐对外可以用来征伐诛灭敌国,对内可以使人谦恭礼让。征伐诛杀和谦退礼让,二者的意义是相同的。对外用来征伐诛灭敌国,天下就没有人不服从;对内谦退礼让,就没有人不服从。所以,音乐是天下最大的齐同一致,是人的性情中正和谐的纲纪,是人的感情所不可或缺的。这就是先代圣王创立音乐的方法,而墨子反对音乐,真是无可奈何啊!而且,音乐是先代圣王用来表达喜悦之情的;军队和刑罚,是先代圣王用来表达愤怒之情的。先代圣王的高兴、愤怒之情都能表露得很合适。所以如果先代圣王快乐那么天下人就都会应和他,如果先代君王愤怒那么天下人就会害怕他。在先代圣王处理国家大事的原则中,礼和乐正是其中重要的组成部分,而墨子却反对它们。所以说:墨子对于治国之道,就如同盲人不能分辨白黑那样一无所知,就像聋人不能分辨声音的清浊那样无知,就如同想要去楚国去却向北方走去那样背道而驰。音乐对人的影响十分深远,它对人的教化也很迅速,所以先代圣王谨慎地来修饰它。如果音乐中正平和,那么人民会就和谐相处而不放荡,如果音乐庄严肃穆那么百姓就会同心协力而不混乱。人民和谐相处、同心协力那么军队就强大、城防就坚固,敌国就不敢进犯。如果这样,那么老百姓就没有不安居乐业而努力使自己的君主得到满足的。这样以后国君的声

乐论

名就会显扬,光辉就会盛大,四海之内的民众就没有人不愿意让他成为自己的君主的。这就是称王天下的开始。如果音乐妖冶而险恶,那么百姓就会淫邪散漫、卑鄙低贱了。淫邪散漫就会陷入混乱,卑鄙低贱就会互相争斗。秩序混乱而互相争斗那么军队就会被削弱、城池就会被破坏,敌国就会来进犯了。如果这样,那么老百姓就不会安心地住在自己的居所,就会不喜欢他的家乡,就不会尽心奉养君主了。所以如果礼乐被废止那么淫邪的音乐就会兴起,这是国家遭遇危险、受到削弱、蒙受羞辱的根源。所以先代圣王崇尚礼乐而鄙视淫邪的音乐。他在论述官吏的职分时说道:"修订法令文告,审查诗歌乐章,禁绝淫邪之声,并且按时整治音乐,使蛮夷的风俗和淫邪的音乐不敢扰乱正声雅乐,这就是太师的职分。"

墨子曰:"乐者,圣人之所非也,而儒者为之,过也。"君子以为不然。乐者,圣王之所乐也,而可以善民心,其感人深,其移风易俗,故先王导之以礼乐而民和睦。夫民有好恶之情而无喜怒之应则乱。先王恶其乱也,故修其行,正其乐,而天下顺焉。故齐衰之服,哭泣之声,使人之心悲;带甲婴轴①,歌于行伍②,使人之心伤;姚冶之容,郑、卫之音③,使人之心淫;绅、端、章甫④,舞《韶》、歌《武》,使人之心庄。故君子耳不听淫声,目不视女色,口不出恶言。此三者,君子慎之。凡奸声感人而逆气应之,逆气成象而乱生焉,正声感人而顺气应之,顺气成象而治生焉。唱和有应,善恶相象,故君子慎其所去就也。君子以钟鼓道志⑤,以琴瑟乐心,动以干戚,饰以羽旄⑥,从以磬管。故其清明象天,其广大象地,其俯仰周旋有似于四时。故乐行而志清,礼修而行成,耳目聪明,血气和平,移风易俗,天下皆宁,美善相乐。故曰:乐者,乐也。君子乐得其道,小人乐得其欲。以道制欲,则乐而不乱;以欲忘道,则惑而不乐。故乐者,所以道乐也。金石丝竹,所以道德也。乐行而民乡方矣⑦。故乐者,治人之盛者也,而墨子非之。且乐也者,和之不可变者也;礼也者,理之不可易者也。乐合同,礼别异,礼乐之统,管乎人心矣。穷本极变,乐之情也;著诚去伪,礼之经也。墨子非之,几遇刑也。明王已没,莫之正也。愚者学之,危其身也。君子明乐,乃其德也。乱世恶善,不此听也。於乎哀哉! 不得成也。弟子勉学,无所营也⑧。

【注释】

① 缨:通"缨",系。轴:通"胄",头盔。

② 行(háng)伍:军队。古代军队以五人为伍,二十五人为行。

③ 郑、卫之音:指《诗经》中郑国和卫国的民歌,郑、卫两国的新乐激越活泼、抒情细腻,有别于之前迟缓凝重的雅乐,被视为淫声。

④ 绅:古代士大夫束在腰间的大带。端:礼服。章甫:礼帽。

⑤ 道:通"导",引导。

⑥ 羽旄(máo):野鸡毛和牦牛尾,均为古代的舞蹈用具。

⑦ 乡:通"向",方向。

⑧ 营:通"蛮",迷惑。

【译文】

墨子说:"音乐,是英明的国君所反对的,而儒者却提倡它,这是错误的。"君子认为并非如此。音乐,是圣人所喜爱的,它可以用来改善民心,它对人的感动是很深的,它能移风易俗,所以先代圣王用礼乐来引导百姓而百姓就可以和谐相处。如果百姓只有喜欢和厌恶的感情而没有与之相应的表达喜欢和愤怒的形式就会秩序混乱。先代圣王憎恶这种秩序混乱,因此修养自己的德行,修订整治音乐,这样天下就和顺了。所以服丧的礼服、哭泣的声音,能使人心生悲恸;身着铠甲、头戴头盔,在军队的行列中歌唱,会使人心意振奋;妖冶的容貌,郑、卫的乐声,会使人心中淫荡;腰束大带、身着礼服、头戴礼帽,伴着《韶》《武》的乐曲唱歌舞蹈,会使人心中庄严肃穆。所以君子的耳朵不去听放荡的音乐,眼睛不去看女人的美色,口中不说邪恶的话语。这三件事,君子一定要谨慎地对待。大凡奸邪的音乐蛊惑人心而歪风邪气响应它的时候,歪风邪气就会成为社会风气,而混乱就产生了;平和中正的音乐感动人心而和顺的风气响应它的时候,和顺的风气就会成为社会风气现象,而安定的局面就产生了。唱和相互响应,美善或邪恶就会随之产生,所以君子对待音乐

乐论

要谨慎地决定取舍。君子用钟鼓来引导自己的思想志向，用琴瑟来使自己的心情顺畅，拿着盾、斧等舞蹈道具来舞蹈，用野鸡毛和牦牛尾来作为装饰，用箫、管等乐器来作为伴奏。所以音乐的声音像苍天那般清朗，像大地那般辽阔，俯仰旋转的舞蹈动作又和四时的变化相像。所以，这样的音乐流行了，人们的志向就纯洁了，礼仪就美好了而德行就养成了，从而每个人都耳聪目明，心平气和，移风易俗，天下安定，美好与善良相得益彰。所以说：音乐，就是快乐的表现形式。君子以从中提高道德修养而感到快乐，小人以从中满足自己的欲望而得到快乐。用道义来限制欲望，就会喜乐而不至于秩序混乱；只想满足自己的欲望而忽略道义，就会感觉迷惑而不快乐。所以，音乐是用来引导快乐的，金、石、丝、竹等乐器，是用来引导道德的。雅正的音乐流行，百姓就会追求大道。所以音乐是治理百姓最理想的方式，而墨子却反对它。况且音乐是使人们和谐的不可改易的原则；礼义是治理社会而不可更易的原则。音乐使百姓和谐统一，礼区分等级的不同，礼乐的的关键是能约束着人们的思想。深入人们的内心，从根本上改变人们的性情，这是音乐的本质；显明诚实、去除虚伪，这是礼的原则。然而墨子却反对它，主张这样的论调几乎是要遭到刑罚的。然而英明的君王已经死了，也就没有人来纠正他的错误了。愚钝的人还去学习他的学说，这将会危害他们自身。君子提倡音乐，这才是道德的表现。在混乱的世道人们都憎恶善行，不会听从这些正确的话。真是可悲啊！雅正的音乐不能流行。弟子们要努力学习，不要被那些邪说所迷惑。

声乐之象 [①]：鼓大丽 [②]，钟统实 [③]，磬廉制 [④]，竽笙箫和 [⑤]，筦籥发猛 [⑥]，埙篪翁博 [⑦]，瑟易良，琴妇好 [⑧]，歌清尽，舞意天道兼。鼓，其乐之君邪！故鼓似天，钟似地，磬似水，竽笙、箫和、筦籥似星辰日月 [⑨]，鞉、柷、拊、鞷、椌、楬似万物 [⑩]。曷以知舞之意？曰：目不自见，耳不自闻也，然而治俯仰、诎信、进退、迟速莫不廉制，尽筋骨之力以要钟鼓俯会之节，而靡有悖逆者，众积意谋谋乎 [⑪]！

荀子

124

【注释】

① 象：象征。

② 丽：通"厉"，猛烈，这里形容声音的激越高亢。

③ 统：通"充"，充实。

④ 廉制：指声音清晰有节奏。廉，棱角，这里引申为声音清晰。制，节制，引申为有节奏。

⑤ 萧：学者王引之认为当为"肃"，整齐。

⑥ 筦籥（guǎn yuè）：均为古代的编管乐器。筦，通"管"。

⑦ 埙（xūn）：古代一种陶土制作的口吹乐器。篪（chí）：一种单管横吹乐器。翁博：通"滃渤"，形容声音低沉而宽广。

⑧ 妇好：通"女好"，形容声音婉转柔和。

⑨ 萧和：学者王先谦认为当为衍文。

⑩ 鞉（táo）、柷（zhù）、拊（fù）、鞷（gé）、椌（qiāng）、楬（qià）：均为古代的打击乐器。

⑪ 谆谆（chí）：谆谆，态度认真。

【译文】

音乐的象征是：鼓的声音高昂激越，钟的声音洪亮浑厚，磬的声音清楚明朗，竽、笙的声音肃穆和谐，管、箫的声音粗犷昂扬，埙、篪的声音低沉而广大，瑟的声音平和而温良，琴的声音婉转而悠扬，歌唱的声音清朗润泽，舞蹈的意象与天地大道相合。鼓，是音乐中的君主吧！所以鼓声如同长天，钟声如同大地，磬声如同流水，竽、笙、管、箫的声音如同日月星辰，鞉、柷、拊、鞷、椌、楬的声音如同万物。怎么知道舞蹈的含义呢？回答是：眼睛看不到自己，耳朵听不到自己，然而舞蹈动作的俯仰、屈伸、进退、快慢等无不清楚明白而有节奏，竭尽自己身体的力量来配合钟鼓敲击的节奏，而没有违背的，众人的态度多么认真啊！

　　吾观于乡 ①，而知王道之易易也。主人亲速宾及介 ②，而众宾皆从之，至于门外，主人拜宾及介而众宾皆入，贵贱之义别矣。三揖至于阶，三让以宾升，拜至、献酬 ③，辞让之节繁。及介省矣。至

乐论

于众宾,升受,坐祭,立饮,不酢而降④。隆杀之义辨矣。工入,升歌三终⑤,主人献之;笙入三终,主人献之;间歌三终⑥,合乐三终,工告乐备,遂出。二人扬觯⑦,乃立司正⑧,焉知其能和乐而不流也。宾酬主人,主人酬介,介酬众宾,少长以齿,终于沃洗者焉。知其能弟长而无遗也。降,说屦⑨,升坐,修爵无数。饮酒之节,朝不废朝,莫不废夕。宾出,主人拜送,节文终遂。焉知其能安燕而不乱也⑩。贵贱明,隆杀辨,和乐而不流,弟长而无遗,安燕而不乱。此五行者,是足以正身安国矣。彼国安而天下安。故曰:吾观于乡,而知王道之易易也。

【注释】

① 乡:此处指在乡中饮酒的礼仪。

② 主人:指乡大夫。速:迎接。宾:乡饮之礼中,有地位和名望的人叫"宾",宾的主要陪同者叫"介",其他陪同的人叫"众宾"。

③ 献酬:主客互相敬酒,主人向客人敬酒叫"献",客人回敬主人后,主人再用酒自饮以答谢客人叫"酬"。

④ 酢(zuò):客人用酒回敬主人。

⑤ 终:完整地演唱一首歌或完整地演奏一首乐曲叫"一终"。

⑥ 间:轮流。

⑦ 觯(zhì):酒杯。

⑧ 司正:负责监礼的人。

⑨ 说:通"脱",脱下。

⑩ 燕:通"宴",安。

【译文】

我看到乡中人饮酒的礼节,就知道王道的实行是非常容易的。主人亲自迎接贵宾和贵宾的主陪,而其他客人都跟随在后面,到了门外,主人向贵宾和主陪拱手行礼后其他客人再进来,对待贵者和贱者的礼仪就在这里区别了出来。主人向贵宾礼拜三次就到了台阶前,三次礼让再让贵宾登上台阶、进入厅堂,行拜礼,主人向主客献酒、主客向主人回敬,相互辞让的礼节繁多。到了主陪礼节就减少了。至于其他的客人,来到厅堂受酒,坐着祭神、站着饮酒,不需要回敬主人就可以退下了。隆重和简省的礼仪在这里就区别得很清楚了。乐工进来,到了堂上演奏三首乐曲后,主人向主客献酒;吹笙的人进来吹奏三首乐曲,主人又向主客献酒;乐工和吹笙的人轮流演奏三首乐曲,又合奏三首乐曲,乐工报告奏乐完毕,就出去了。主人和主客两个人举起酒杯互相敬酒,于是又设立了一个负责监督饮酒礼仪的人,由此可知人们能够做到和睦快乐而又不入于流俗。贵宾向主人敬酒,主人向主陪敬酒,主陪向其他客人敬酒,根据年龄对年长的、年少的依次敬酒,最后到清洗酒器的人为止。由此可知人们能够尊敬长者而不遗漏一个人。走下厅堂,脱掉鞋子,然后再进入厅堂入座,彼此之间不断地敬酒。饮酒的礼节是,早上饮酒就不能耽误早上的工作,傍晚饮酒就不能耽误晚上的工作。贵宾离去,主人揖拜相送,礼节仪式至此就算结束了。由此可见人们能安闲而不混乱。尊贵和卑贱的等级分明,隆重和简省有区别,和睦快乐而又能不入于流俗,尊敬长者而又能不漏下一个人,安闲而又不混乱。这五种行为,完全足以用来修养自己的身心、安定国家。国家安定了那么天下也就安定了。所以说:我看到乡中人饮酒的礼节,就知道王道的实行是非常容易的。

乱世之征:其服组^①,其容妇,其俗淫,其志利,其行杂,其声乐险,其文章匿而采^②,其养生无度,其送死瘠墨^③,贱礼义而贵勇力,贫则为盗,富则为贼。治世反是也。

【注释】

① 组:丝织的有花纹的宽带,这里指华丽。

② 匿:通"慝"(tè),邪恶。

③ 瘠墨:刻薄俭葬。瘠,菲薄。墨,墨子主张薄葬。

【译文】

混乱的社会的特征是:人们衣着华丽,打扮得如同女子一般妖冶,风俗淫乱,人们唯利是图,行为驳杂,音乐淫邪乖僻,文章邪恶而又文辞华丽,生活花费没有节制,然而葬送死者却刻薄简慢,轻视礼义而崇尚武力,贫穷的人沦为盗贼,富裕的人就去残害别人。太平盛世的情况与此相反。

解蔽

　　凡人之患，蔽于一曲而暗于大理。治则复经①，两则疑惑矣②。天下无二道，圣人无两心。今诸侯异政，百家异说，则必或是或非，或治或乱。乱国之君，乱家之人③，此其诚心莫不求正而以自为也，妒缪于道而人诱其所迨也④。私其所积，唯恐闻其恶也；倚其所私，以观异术，唯恐闻其美也。是以与治虽走而是己不辍也⑤，岂不蔽于一曲而失正求也哉！心不使焉，则白黑在前而目不见，雷鼓在侧而耳不闻，况于使者乎⑥！德道之人⑦，乱国之君非之上，乱家之人非之下，岂不哀哉！

【注释】

① 经：正道、大道。

② 两：指"一曲"和"大理"二者。

③ 乱家：指"蔽于一曲而暗于大理"的百家学说。

④ 缪：谬误。迨：通"怡"，喜爱。一说意为到达。

⑤ 虽：学者郝懿行认为当为"离"，背离。

⑥ 使：学者俞樾认为当为"蔽"，蒙蔽。

⑦ 德：通"得"，获得。

【译文】

　　大凡人们的问题，在于局限在偏见而不能明白全面的道理。纠正这种偏见就能回到大道上来，徘徊于偏见和大道之间就会感到迷惑。天下没有两个大道，圣人对大道不会三心二意。现在的诸侯实行不同的政治原则，各个学派主张不同的论调，这其中就一定有对的、有错的，有的能使社会安定、有的会造成社会混乱。造成国家混乱的国君，使思想混乱的学者,他们的本意没有不想追求正道而亲自去做的,可是他们嫉妒、错误地对待大道而别人就投其所好来引诱他们误入歧途。他们偏爱自己所学到的知识,唯恐听到别人说自己的坏话;依靠凭借他们偏好的知识,来考察不同的学说,唯恐听到对别人的赞美。所以他们背离了正道还自以为是,不肯改正,这难道不是因为被偏见所蒙蔽而失去了对正道的追求吗?如果不用心思考,就是黑白摆在面前而眼睛也会分不清,如雷的鼓声在一旁响起而耳朵也会听不见,更何况是人心被蒙蔽了呢!掌握了正道的人,造成国家混乱的国君在上面反对他,造成思想混乱的学者在下面反对他,这难道不是很可悲的吗?

故为蔽①:欲为蔽,恶为蔽;始为蔽,终为蔽;远为蔽,近为蔽;博为蔽,浅为蔽;古为蔽,今为蔽。凡万物异则莫不相为蔽,此心术之公患也。

【注释】

① 故:通"胡",什么。

【译文】

是什么造成了蒙蔽?欲望会使人受到蒙蔽,厌恶会使人受到蒙蔽;只看到开始会使人受到蒙蔽,只看到结果也会使人受到蒙蔽;疏远会使人受到蒙蔽,亲近也会使人受到蒙蔽;广博会使人受到蒙蔽,肤浅也会使人受到蒙蔽;好古会使人受到蒙蔽,好今也会使人受到蒙蔽。所有的事物都存在差异,这样就没有不互相造成蒙蔽的,这是人们在思想方法上的通病。

昔人君之蔽者,夏桀、殷纣是也。桀蔽于末喜、斯观①,而不知关龙逢②,以惑其心而乱其行;纣蔽于妲己、飞廉③,而不知微子启,以惑其心而乱其行。故群臣去忠而事私,百姓怨非而不用④,贤良退处而隐逃,此其所以丧九牧之地而虚宗庙之国也⑤。桀死于亭山⑥,纣县于赤旆⑦。身不先知,人又莫之谏,此蔽塞之祸也。成汤监于夏桀,故主其心而慎治之,是以能长用伊尹而身不失道,此

解蔽

其所以代夏王而受九有也⑧。文王监于殷纣，故主其心而慎治之，是以能长用吕望而身不失道，此其所以代殷王而受九牧也。远方莫不致其珍，故目视备色，耳听备声，口食备味，形居备宫，名受备号，生则天下歌，死则四海哭，夫是之谓至盛。《诗》曰："凤凰秋秋，其翼若干，其声若箫。有凤有凰，乐帝之心。"⑨此不蔽之福也。

【注释】

① 末喜：即"妺喜"，夏桀的妃子。斯观：人名，应该是夏桀的臣子。

② 关龙逢（páng）：夏桀的贤臣，因劝谏夏桀被杀。

③ 妲（dá）己：商纣王的妃子。飞廉：商纣王的宠臣。

④ 非：通"诽"，责骂。

⑤ 九牧：天下。相传古代天下有九州，故九州指天下。州的官长称"州牧"，故称"九牧"。虚：通"墟"，废墟，这里用作动词，使称为废墟。

⑥ 亭：学者王念孙认为当为"鬲"，为地名，即历阳山。

⑦ 县：通"悬"，悬挂。

⑧ 九有：即九州。

⑨ "《诗》曰"句：此诗当以失传，不见于今本《诗经》。秋秋，通"跄跄"，形容跳舞的姿态优美。

【译文】

古代有国君被蒙蔽的，夏桀和商纣就是例子。夏桀被妺喜、斯观所蒙蔽，而且不信任关龙逢，心智被迷惑而行为昏乱；商纣被妲己、飞廉所蒙蔽，而且不信任微子启，心智被迷惑而行为昏乱。因此群臣抛弃了忠诚而一心谋求私利，百姓怨恨君主而不听从他们的役使，德才兼备的人离开朝廷而隐居逃亡，这是他们丧失国家政权而宗庙被毁的原因。夏桀死在鬲山，商纣的头被悬挂在红色的旗子上。他们自己事先不能知觉，而又没有旁人的劝谏，这就是蒙蔽所产生的灾殃。商汤以夏桀的覆灭为镜鉴，所以端正自己的心智而谨慎地治理天下，所以他能长期地任用伊尹而不背离正道，这就是他之所以能代替夏桀而能拥有天下大权的缘故。周文王以商纣的覆灭为教训，所以端正自己的心智而谨慎地治理天下，所以能长期地任用吕望而不背离正道,这就是他之所以能代替商纣而拥有天下大权的缘故。远处的国家没有不来进献自己的珍宝的,所以商汤和周文王的眼睛能看到各种美丽的色彩,耳朵能听到各种美妙的音乐,嘴巴能吃到各种美味,居住在各种华丽的宫室里,享有各种各样的尊称,他们活着的时候受到天下人的歌颂,死亡的时候天下人都哭泣,这就叫作最大的隆盛。《诗经》中说:"凤凰翩翩飞翔,翅膀像盾牌那样雄壮,声音如同箫声般悠扬。有凤又有凰,帝王心欢畅。"这就是不被人蒙蔽的幸福啊!

　　昔人臣之蔽者,唐鞅、奚齐是也[1]。唐鞅蔽于欲权而逐载子[2],奚齐蔽于欲国而罪申生[3],唐鞅戮于宋,奚齐戮于晋。逐贤相而罪孝兄,身为刑戮,然而不知,此蔽塞之祸也。故以贪鄙、背叛、争权而不危辱灭亡者,自古及今,未尝有之也。鲍叔、宁戚、隰朋仁知且不蔽[4],故能持管仲而名利福禄与管仲齐;召公、吕望仁知且不蔽,故能持周公而名利福禄与周公齐。传曰:"知贤之谓明,辅贤之谓能。勉之强之,其福必长。"此之谓也。此不蔽之福也。

【注释】

　　① 唐鞅:人名,战国时宋康王的大臣,后被杀。奚齐:晋献公的宠妃骊姬的儿子。

　　② 载子:宋国太宰戴驩(huān),被唐鞅驱逐而逃往齐国。

　　③ 申生:人名,曾晋献公的太子,奚齐的异母兄弟。后晋献公听信宠妃骊姬的谗言,逼申生自杀,另立奚齐为太子。

　　④ 鲍叔、宁戚、隰(xí)朋:均为齐桓公的大臣。

【译文】

　　古代的大臣中有被人蒙蔽的,唐鞅、奚齐就是这样的大臣。唐鞅蒙蔽于对权位的贪婪而驱逐了戴驩,奚齐蒙蔽于对国家政权的争夺而陷害了申生,唐鞅最终在宋国被杀害,奚齐最终在晋国被杀害。驱逐贤相而陷害兄长,最终自己反而被杀死,却不清楚是什么原因,这就是被蒙蔽产生的灾殃。所以贪婪卑鄙、背叛君主来争权夺利却不遭受危险、羞辱和

解蔽

131

灭亡的人，从古到今还没有过。鲍叔、宁戚、隰朋等人，仁爱聪慧而且不会受到蒙蔽，所以能辅佐管仲而名利福禄都与管仲等同；召公、吕望仁爱聪慧而且不会受到蒙蔽，所以能扶助周公而名利福禄都与周公等同。古书上说："能够识别贤人叫作明智，辅助贤人叫作有才能。勤勉努力，他的幸福必定会长久。"说的就是这种情况。这就是不受蒙蔽的福气。

昔宾孟之蔽者①，乱家是也。墨子蔽于用而不知文，宋子蔽于欲而不知得，慎子蔽于法而不知贤，申子蔽于势而不知知②，惠子蔽于辞而不知实，庄子蔽于天而不知人③。故由用谓之道，尽利矣；由俗谓之道④，尽嗛矣⑤；由法谓之道，尽数矣；由势谓之道，尽便矣；由辞谓之道，尽论矣；由天谓之道，尽因矣。此数具者，皆道之一隅也。夫道者，体常而尽变，一隅不足以举之。曲知之人，观于道之一隅而未之能识也，故以为足而饰之，内以自乱，外以惑人，上以蔽下，下以蔽上，此蔽塞之祸也。孔子仁知且不蔽，故学乱术⑥，足以为先王者也。一家得周道，举而用之，不蔽于成积也。故德与周公齐，名与三王并，此不蔽之福也。

【注释】

① 宾孟：亦作"宾萌"，即"宾民"，战国时在各诸侯国之间来往的游士。宾，客。

② 申子：申不害，战国中期郑国人，法家代表人物之一。

③ 庄子：庄周，战国时宋国人，道家代表人物之一。

④ 俗：学者杨倞认为当为"欲"，欲望。

⑤ 嗛（qiè）：通"慊"，满足。

⑥ 乱：治。乱在古代有乱、治两种意思。

【译文】

在古代有游说之士被蒙蔽的，思想混乱的诸子百家就是这样的人。墨子蒙蔽于实用却不知道礼义制度，宋子蒙蔽于人情寡欲却不知道人有贪欲，慎子蒙蔽于刑法的重要性却不知道贤良之人的作用，申子蒙蔽于权势的力量却不知道智慧之人的作用，惠子蒙蔽于言辞却不知道事物的实际，庄子蒙蔽于天道却不了解人道。所以如果从实用的方面来论述道，道就全部变成功利的了；从欲望的方面来论述道，道就全部成了满足欲望了；从刑法的方面来论述道，道就全部变成法律条文了；从权势的方面来论述道，道就全部变成了便宜行事了；从言辞的方面来论述道，道就全部变成了空洞的辩论了；从天道的方面来论述道，道就全部变成了顺其自然了。这些论调，都只是道的一个方面。大道的本体是永恒不变的却能穷尽一切事物的变化，仅仅一个方面不足以来概括它。认识片面的人，只看到了大道的一个方面却不能真正懂得它，所以满足于了解大道的一个方面却又加以炫耀，只能对内扰乱了自己，对外又迷惑了别人，在上面就蒙蔽下面的人，在下面就蒙蔽上面的人，这就是蒙蔽造成的灾殃。孔子仁爱聪慧而且不受蒙蔽，所以学习了处理天下大事的方法，足以能与先代圣王相媲美。只有以孔子为代表的儒家继承了周王朝的治国大道，推广应用，而且不会被旧习所蒙蔽。所以他的道德能与周公相等，声名能与三王并列，这就是不被蒙蔽的福气啊！

圣人知心术之患，见蔽塞之祸，故无欲无恶，无始无终，无近无远，无博无浅，无古无今，兼陈万物而中县衡焉[1]。是故众异不得相蔽以乱其伦也。何谓衡？曰：道。故心不可以不知道。心不知道，则不可道而可非道。人孰欲得恣而守其所不可，以禁其所可？以其不可道之心取人，则必合于不道人，而不知合于道人[2]。以其不可道之心，与不道人论道人，乱之本也。夫何以知？曰[3]：心知道，然后可道；可道，然后能守道以禁非道。以其可道之心取人，则合于道人，而不合于不道之人矣。以其可道之心，与道人论非道，治之要也。何患不知？故治之要在于知道。

【注释】

① 县：通"悬"，悬挂。衡：秤，这里引申为标准。

② 知：学者俞樾认为当为衍文。

③曰:学者俞樾认为当为衍文。

【译文】

圣人深知人们在思想方法上存在的问题,看到了被蒙蔽所造成的灾殃,所以既不局限于欲望也不局限于厌恶,既不局限于开始也不局限于结果,既不局限于近处也不局限于远处,既不局限于广博也不局限于肤浅,既不局限于古代也不局限于现代来看问题,而是把各种事物都罗列出来,心中用一个统一的是非对错的标准来衡量。所以各种事物的差异就不会造成认识上的片面和局限而使各自的秩序被扰乱。什么是衡量是非对错的标准呢?回答说:这个标准就是大道。所以一个人的心中不能不懂得大道。心中不懂得大道,就不会肯定大道反而会认可不符合大道的事物。有谁会想放纵自己而固守自己所不赞同的事物,来禁止自己赞许的事物呢?用他那否定大道的心去选择人,就一定会与不遵守大道的人臭味相投,而不会与遵守大道的人情投意合。用他那否定大道的心,和不遵守大道的人谈论遵守大道的人,这就是秩序混乱的根本原因。他们怎么可能懂得大道呢?心中懂得大道,然后才能肯定大道;肯定大道,然后才能遵奉大道来禁绝不符合大道的事物。用他那肯定大道的心来选择人,就会与遵守大道的人情投意合,而不会和不遵守大道的人趣味相投。用他那肯定大道的心,和遵守大道的人谈论不遵守大道的事情,这就是国家得到治理的关键。又怎么会担心不懂得大道呢?所以国家得到治理的关键在于懂得大道。

人何以知道?曰:心。心何以知?曰:虚壹而静。心未尝不藏也,然而有所谓虚;心未尝不满也①,然而有所谓一;心未尝不动也,然而有所谓静。人生而有知,知而有志。志也者,藏也,然而有所谓虚,不以所已藏害所将受谓之虚。心生而有知,知而有异,异也者,同时兼知之。同时兼知之,两也,然而有所谓一,不以夫一害此一谓之壹。心,卧则梦,偷则自行②,使之则谋。故心未尝不动也,然而有所谓静,不以梦剧乱知谓之静③。未得道而求道者,谓之虚壹而静。作之,则将须道者之虚则人④,将事道者之壹则尽,尽将思道者静则察⑤。知道察,知道行,体道者也。虚壹而静,谓之大清明。万物莫形而不见，莫见而不论，莫论而失位。坐于室而见四海，处于今而论久远，疏观万物而知其情，参稽治乱而通其度，经纬天地而材官万物，制割大理，而宇宙里矣⑥。恢恢广广⑦，孰知其极！罜罜广广⑧，孰知其德！浣浣纷纷⑨，孰知其形！明参日月，大满八极，夫是之谓大人！夫恶有蔽矣哉！

【注释】

① 满：学者杨倞认为当为"两"，这里指同时认识两种不同事物。

② 偷：松懈，指思想不专注。

③ 剧：乱，这里指胡思乱想。

④ 人：学者王引之认为当为"入"，接受。

⑤ 尽：学者杨倞认为当为衍文。

⑥ 里：通"理"，治理。

⑦ 恢恢：宽阔广大的样子。

⑧ 罜罜（hào）：通"皞皞"，广大的样子。广广（kuàng）：通"旷旷"，空旷的样子。

⑨ 浣浣（guàn）：水沸腾的样子，形容很活跃的样子。

【译文】

人怎样才能懂得大道呢？回答是：用心。心如何懂得道呢？回答是：虚心专一而安静。心未尝不能储藏东西，然而可以有所谓的虚心；心未尝不能同时认识两种事物，然而可以有所谓的专一；心未尝不活动，然而可以有所谓的安静。人一生下来就有知觉，有知觉就有记忆。记忆，就是储藏，然而可以有所谓的虚心，不以所储藏的认识来妨碍将要接受的新知识就叫作虚心。心从一生下来就有知觉，有知觉就能区分不同的事物，能区分不同的事物就能同时了解它们。能同时了解不同的事物，就叫作两用；然而可以有所谓的专一，不让对彼事物的认识来影响对此事物的认识就叫作专一。心，在睡觉时就会做梦，放松时就会胡思乱想，使用时就会谋划策略。所以心未尝不活动，然而可以有所谓的安静，不让做梦和胡思乱想扰乱认识就称为安静。对还没有掌握道而正在追求

解蔽

道的人，就告诉他们虚心、专一和安静。实行起来，如果像正在追求道的人那样虚心就能得到道，像遵守道的人那样专一就能穷尽道，像思考道的人那样安静就能明察大道。懂得了大道而能明察之，认识了大道而能实践之，这是真正体会大道的人。虚心专一和安静，就称为最大的澄明。万物没有形态却看不见的，没有被看见而不能加以论说的，没有论说而不恰当的。坐在屋子里就能看到天下，生活在当今的时代而能谈论远古的事，洞察万物而能懂得它们的真相，考察治乱之事而通晓它们的规律，管理天地而能利用万事万物，掌握了大道，也就能了解整个宇宙了。无限宽广啊，谁知道他思想的边界在哪里！浩瀚无边啊，谁知道他德行多高尚！变化纷繁啊，谁知道他的样子！他的思想和智慧光辉万丈如同日月，充塞四面八方，这样的人就叫作"大人"！这样的人怎么会被蒙蔽呢！

　　心者，形之君也，而神明之主也，出令而无所受令。自禁也，自使也，自夺也，自取也，自行也，自止也。故口可劫而使墨云①，形可劫而使诎申②，心不可劫而使易意，是之则受，非之则辞。故曰：心容其择也，无禁必自见，其物也杂博，其情之至也不贰③。《诗》云："采采卷耳，不盈倾筐。嗟我怀人，置彼周行。"④倾筐易满也，卷耳易得也，然而不可以贰周行。故曰：心枝则无知⑤，倾则不精，贰则疑惑。以赞稽之，万物可兼知也。身尽其故则美，类不可两也，故知者择一而壹焉。

【注释】

① 墨：通"默"，沉默。

② 诎申：通"屈伸"，弯曲伸展。

③ 情：通"精"，专一。

④ 《诗》云"句：见《诗经·周南·卷耳》。卷耳，一种植物，又名"苓耳"，可供食用。

⑤ 枝：分散。

【译文】

心，是形体的统帅，是精神的主宰，它向身体发号施令而不接受身体的命令。它自我约束，自我使用，自我剥夺，自我取得，自我行动，自我停止。所以它可以迫使嘴巴沉默或者说话，它可以迫使身体弯曲或者伸展，然而心不能迫使意志改变，它认为对的就接受，它认为不对的就拒绝。所以说：心可以任意选择事物，不受限制而必定自己表露出来，它认识的事物繁多驳杂，它的精神专一不二。《诗经》中说："采卷耳啊采呀采，却总是装不满浅浅的筐。我思念着的心上人啊，只好把浅筐放在大路旁。"浅筐是很容易装满的，卷耳也是很容易采到的，然而不能神不守舍地待在大路旁。所以说：心神分散就学不到知识，心思偏颇了就会不精确，三心二意就会产生疑惑。依靠道来辅助观察万物，那么万物就都能被认识了。全心全意地了解事物是美好的，要想认识任何一类事物都不能三心二意，所以聪慧的人总是选择一件事然后专心地去做。

农精于田而不可以为田师，贾精于市而不可以为贾师①，工精于器而不可以为器师。有人也，不能此三技而可使治三官，曰：精于道者也，精于物者也。精于物者以物物，精于道者兼物物。故君子壹于道而以赞稽物。壹于道则正，以赞稽物则察，以正志行察论，则万物官矣。昔者舜之治天下也，不以事诏而万物成。处一危之，其荣满侧；养一微，荣矣而未知。故《道经》曰："人心之危，道心之微。"危微之几，惟明君子而后能知之。故人心譬如槃水②，正错而勿动③，则湛浊在下而清明在上④，则足以见鬓眉而察理矣。微风过之，湛浊动乎下，清明乱于上，则不可以得大形之正也。心亦如是矣。故导之以理，养之以清，物莫之倾，则足以定是非，决嫌疑矣。小物引之则其正外易，其心内倾，则不足以决庶理矣。故好书者众矣，而仓颉独传者⑤，壹也；好稼者众矣，而后稷独传者⑥，壹也；好乐者众矣，而夔独传者⑦，壹也；好义者众矣，而舜独传者，壹也。倕作弓⑧，浮游作矢⑨，而羿精于射；奚仲作车⑩，乘杜作乘马⑪，而造父精于御。自古及今，未尝有两而能精者也。曾子曰⑫："是其庭可以搏鼠⑬，恶能与我歌矣！"

解蔽

137

① 贾：学者王念孙认为第二个"贾"当为"市"字。

② 槃：通"盘"。

③ 错：通"措"，放置。

④ 湛：通"沉"。

⑤ 仓颉：传说是黄帝时的史官，是他发明了文字。

⑥ 后稷：传说是尧时掌管农业的官，周朝的始祖。

⑦ 夔（kuí）：传说是舜时的乐官，精通音乐。

⑧ 倕：相传是古时的巧匠，发明了弓。

⑨ 浮游：黄帝时人，传说发明了箭。

⑩ 奚仲：传说是夏禹的车正（管理车的官）。

⑪ 乘杜：又称相土，传说是商朝祖先契的孙子，最先以马驾车。

⑫ 曾子：曾参，孔子的学生，名参（shēn）。

⑬ 是：原为"视"，根据文义改。

【译文】

农民精通种田，但是却不能担任管理农业的官员，商人精于经商，但是却不能担任管理市场的官员，工匠精于造器具，但是却不能担任管理器具的官员。有些人没有掌握这三种技能却可以让他管理这三种行业，所以说：要精于大道，而不能只是精于具体的事物。精通于具体事物的人只能治理某一种具体的事物，而精通于大道的人则可以治理万事万物。所以君子专心于大道并借助大道来帮助考察事物。专心于大道就能保持正确，用大道来帮助考察万物就能明察万物的事理，正确的思想加上明察的结论，那么就能支配万事万物了。古时候舜治理天下，不用事事亲力亲为然而各种事情都能完成。如果一个人能专注于大道而时时警惕，他的光荣就会充满身边；涵养大道而达到了精微的程度，获得了荣誉而他自己还没有意识到。所以《道经》上说："人心要有所警惧，道心要致力于精微。"这警惧和精微之中的奥妙，只有聪慧的君子才能懂得。所以人心就如同盘中的水，如果端正地放着而不去摇动它，那么水中的泥渣就会沉淀到下面而清澈明亮的水停留在上面，这样就能够照见人的胡须眉毛并能看清人皮肤上的纹理了。微风吹过，泥渣就会在下面晃动，而清澈的水也在上面搅动，这样就不能看见人的本来面貌了。心也是如此。所以应该用正确道理来引导心，用清和之气来保养它，这样外物就不能干扰它，那么就完全能够判断是非、决断疑难了。如果用微小事情干扰了它，那么它端正的外形就会改变，它的内心也会随之产生偏向，那么就不可以决断是非了。所以爱好文字的人本来很多，然而只有仓颉的声名流传到了后世，就是因为他用心专一的缘故；爱好种庄稼的人本来很多，然而只有后稷的声名流传到了后世，就是因为他用心专一的缘故；喜欢音乐的人本来很多，然而只有夔的声名流传到了后世，就是因为他用心专一的缘故；喜欢道义的人本来很多，然而只有虞舜的声名流传到了后世，就是因为他用心专一的缘故。倕制造弓，浮游制造箭，而羿精通射箭；奚仲制作车，乘杜发明了四马驾车法，而造父精通驾车。从古代到现在，从来没有出现过三心二意而能精通某一件事情的人。曾子说："看到空旷的院子就想到捉老鼠，这样的人怎么能和我一起唱歌呢！"

　　空石之中有人焉 ①，其名曰觙。其为人也，善射以好思 ②。耳目之欲接则败其思，蚊虻之声闻则挫其精 ③，是以辟耳目之欲，而远蚊虻之声，闲居静思则通。思仁若是，可谓微乎？孟子恶败而出妻，可谓能自强矣；有子恶卧而焠掌 ④，可谓能自忍矣，未及好也。辟耳目之欲，可谓能自强矣，未及思也。蚊虻之声闻则挫其精，可谓危矣，未可谓微也。夫微者，至人也。至人也，何强，何忍，何危？故浊明外景，清明内景。圣人纵其欲 ⑤，兼其情，而制焉者理矣。夫何强，何忍，何危？故仁者之行道也，无为也；圣人之行道也，无强也。仁者之思也恭，圣者之思也乐。此治心之道也。

【注释】

① 空石：即穷石，古地名。

② 射：射覆，古代的一种猜谜游戏。

③ 挫：妨碍。

解蔽

④ 有子：即有若，孔子的学生。焠(cuì)：灼烧。

⑤ 纵：学者王先谦认为当为"从"。

【译文】

空石这个地方有一个叫觙的人。这个人善于猜谜而又喜欢思考。但只要他的耳朵听到音乐、眼睛看到美色他的思考就会受到干扰，蚊子、苍蝇的声音传到耳朵里就会使他的注意力分散，所以他避开耳朵和眼睛对声音和颜色的接触，远离蚊子、苍蝇的声音，独自居住、静下来思考，就能明白通达了。如果对仁义的思考也能像这样，可以说达到精微的境界了吗？孟子怕有损于自己的道德修养而休掉了妻子，可以说是够自强的了；有子担心读书时睡觉而用火烧自己的手掌，可以说是够自制的了，但是他们都不如觙喜爱思考问题。他避免耳朵、眼睛和声音、颜色的接触，可以说是能够自强的了，还不谈不上喜爱思考。蚊子、苍蝇的声音传到耳朵里就会分散他的注意力，可以说是内心警惧了，但是还不能说是达到了精微的境界。达到精微的境界，就是至人了。至人，还需要勉励，还需要自我克制，还需要警惧吗？所以心思驳杂的人能了解外物，而心境清明的人能懂得大道。圣人随心所欲，满足自己的情感，而能治理好万事万物。还需要勉励，还需要自我克制，还需要警惧吗？所以仁德的人奉行大道，并不是有意为之；圣人奉行大道，并不是勉强为之。仁人的思考是恭敬谨慎的，圣人的思考是欢乐愉快的。这便是治心的方法。

凡观物有疑，中心不定，则外物不清。吾虑不清，则未可定然否也。冥冥而行者，见寝石以为伏虎也，见植林以为后人也①，冥冥蔽其明也。醉者越百步之沟，以为跬步之浍也②；俯而出城门，以为小之闺也③，酒乱其神也。厌目而视者④，视一以为两；掩耳而听者，听漠漠而以为哅哅⑤，势乱其官也。故从山上望牛者若羊，而求羊者不下牵也，远蔽其大也；从山下望木者，十仞之木若箸⑥，而求箸者不上折也，高蔽其长也。水动而景摇，人不以定美恶，水势玄也⑦。瞽者仰视而不见星，人不以定有无，用精惑也。有人焉，以此时定物，则世之愚者也。彼愚者之定物，以疑决疑，决必不当。

夫苟不当,安能无过乎? 夏首之南有人焉[8],曰涓蜀梁[9]。其为人也,愚而善畏。明月而宵行,俯见其影,以为伏鬼也,印视其发[10],以为立魅也,背而走,比至其家,失气而死,岂不哀哉! 凡人之有鬼也,必以其感忽之间、疑玄之时正之[11]。此人之所以无有而有无之时也,而己以正事。故伤于湿而痹,痹而击鼓烹豚,则必有敝鼓丧豚之费矣,而未有俞疾之福也[12]。故虽不在夏首之南,则无以异矣。

【注释】

① 后:学者俞樾认为当为"立"。

② 浍(kuài):小水沟。

③ 闺:上圆下方的拱形小门。

④ 厌(yā):通"压",按压。

⑤ 哅哅(xiōng):喧嚣声。

⑥ 仞:古代长度单位,七尺或八尺为一仞。箸(zhù):筷子。

⑦ 玄:通"眩",动荡不定。

⑧ 夏首:古地名,即夏水口,在今湖北省江陵县。

⑨ 涓蜀梁:人名,其人生平事迹不详。

⑩ 印:古"仰"字,抬头。

⑪ 正:学者王念孙认为当为"定"字。

⑫ 俞:通"愈",痊愈。

【译文】

大凡观察事物时有疑问,心中游移不定,那么对外界事物的认识就不够清楚明白。自己的思虑不清晰,就不能判断是非对错。在夜色中赶路的人,看见横卧的石头就以为是趴着的老虎,看见直立的树木就以为是站着的人,这是因为夜色蒙蔽了他的视力。喝醉酒的人跨越百步宽的大沟,还以为只是半步宽的小水沟;低着头走出高大的城门,还以为只是狭窄的宫中小门:这是因为酒扰乱了他的神志。按住眼睛看东西,看见一件东西就以为是两件;捂住耳朵听声音,没有什么声音却以为有嗡嗡的嘈杂声:这是因为外力扰乱了他的感官。所以从山上远远望去,山下

解蔽

的牛就好像是羊,然而寻找羊的人并不会下山去牵牛,因为他知道这是距离遮蔽了牛的高大;从山下远远望去,山上几丈高的大树就如同是筷子,然而想做筷子的人并不会上山去砍伐,因为他知道这是山的高度遮蔽了树的长度。水波晃动而人的影子也会随之摇动,然而人并不以此来作为判定美丑的依据,因为他知道这是水的摇动使人眩目。目盲的人抬头看却看不到天上的星星,然而人不以此来确定星星的有无,因为他知道这是目盲之人看不到东西的缘故。如果有一个人根据这些情况来判断事物,那么他就是世界上最愚蠢的人。那些愚蠢的人判断事物,用疑惑的态度来判断还存有疑惑的事物,这种判断就肯定是不恰当的。如果判断不恰当,又怎么会没有错误呢? 夏水口的南面有一个名叫涓蜀梁的人。他愚蠢而胆小。在明亮的月光下晚上行走,低头看见了自己的影子,以为那是趴在地上的鬼,抬头看见了自己的头发,以为那是站着的怪物,吓得转身就跑,等到他跑回家就气绝而死了,这岂不是很可悲吗! 凡是人认为有鬼,一定是在他精神恍惚、神志不清的时候做出的判断。这正是人把无当成有、把有当成无的时候,而他自己却在这个时候判断事物的有无。有人因为受了湿气而得了风湿,就打鼓驱鬼、杀猪祭神,那就一定会有打破鼓而失去猪的花费,却没有治愈疾病的福气。所以这种人虽然不住在夏水口的南面,却也和涓蜀梁没有什么不同了。

凡以知,人之性也;可以知,物之理也。以可以知人之性,求可以知物之理,而无所疑止之①,则没世穷年不能遍也。其所以贯理焉虽亿万②,已不足以浃万物之变③,与愚者若一。老身长子而与愚者若一,犹不知错④,夫是之谓妄人。故学也者,固学止之也。恶乎止之? 曰:止诸至足。曷谓至足? 曰:圣也。圣也者,尽伦者也;王也者,尽制者也。两尽者,足以为天下极矣。故学者,以圣王为师,案以圣王之制为法,法其法,以求其统类,以务象效其人。向是而务,士也;类是而几,君子也;知之,圣人也。故有知非以虑是,则谓之惧⑤;有勇非以持是,则谓之贼;察孰非以分是,则谓之篡;多能非以修荡是⑥,则谓之知;辩利非以言是,则谓之讪⑦。传曰:

"天下有二：非察是，是察非。"谓合王制与不合王制也。天下有不以是为隆正也，然而犹有能分是非、治曲直者邪？若夫非分是非，非治曲直，非辨治乱，非治人道，虽能之无益于人，不能无损于人。案直将治怪说，玩奇辞，以相挠滑也[8]；案强钳而利口，厚颜而忍诟，无正而恣睢，妄辨而几利；不好辞让，不敬礼节，而好相推挤。此乱世奸人之说也，则天下之治说者方多然矣。传曰："析辞而为察，言物而为辨，君子贱之；博闻强志，不合王制，君子贱之。"此之谓也。为之无益于成也，求之无益于得也，忧戚之无益于几也[9]，则广焉能弃之矣[10]。不以自妨也，不少顷干之胸中。不慕往，不闵来，无邑怜之心[11]，当时则动，物至而应，事起而辨，治乱可否，昭然明矣。

【注释】

① 疑：通"凝"。凝止，这里指界限。

② 贯：贯通，引申为学习。

③ 已：终了。浃（jiā）：遍及。

④ 错：通"措"。

⑤ 惧：学者王引之认为当为"攫"，攫取。

⑥ 荡：推行。

⑦ 谍（yì）：多言，废话。

⑧ 挠滑（gǔ）：扰乱。

⑨ 几：通"冀"，祈求。

⑩ 广：通"旷"，远。

⑪ 邑：通"悒"，忧愁。

【译文】

大凡可以认识事物，是人的本性；可以被认识，是事物的规律。凭借可以认识事物这一人的本性，去探求可以被认识的事物的规律，如果没有一定的约束，那么即使一辈子也不能认识全部事物的规律。人们学到的事理即使有亿万条，然而最终也不能应付万事万物所有的变化，这样一来就和愚蠢的人没有什么不同了。年纪大了、子女长大成人了却还和愚蠢的人一个样,还不知道放弃这种态度,这种人就可以称作是无知的人。因此学习,本来就有一定的止境。那么什么是学习的止境呢?回答说:要达到最圆满的地方就是止境。那么什么是最圆满呢?回答说:就是成为圣王。所谓圣,就是精通事物道理的人;王,就是精通治国制度的人。如果这两个方面都精通,那就足以成为天下的榜样了。所以学习,就是要以圣王为老师,以圣王的制度为法度,遵循他的法度,探求他的纲纪,来努力效仿圣王的为人。朝着这个目标努力的,就是士人;接近于这个目标的,就是君子;完全懂得圣王之道的,就是圣人。所以,有智慧而不思考这一目标的,就叫作攫取;有勇气而不用来持守这个目标的,就叫作贼害;能仔细观察而不用来分析这个目标的,叫作篡夺;有很多才能而不用来宣扬推广这个目标的,叫作巧诈;能说会道而不用来谈论这个目标的,叫作废话。古书上说:"天下的事情可以分为两个方面:用错误来分辨正确,用正确来分辨错误。"意思是说是否符合圣王的法制。天下如果不以圣王的法制作为最高准则,那么要怎么才能分辨是与非、弄清曲与直呢?至于不区分是与非,不弄清曲与直,不分辨治与乱,不研究为人之道,那么即使有才能也不能有益于人,没有才能也无损于人。只不过是研究奇谈怪论,玩弄花言巧语,来互相干扰罢了;强行压制别人而能言善辩,厚着脸皮而忍受羞辱,不务正业而恣意妄为,妄加辩说而贪求私利;不懂得谦让,不遵守礼节,却喜欢彼此之间互相排挤。这是乱世中奸邪之人的观点,天下研究和创立学说的人大多数都是这样的。古书上说:"玩弄辞句资以为明察,空谈名物分别而自以为能言善辩,君子鄙视这样的人;博闻强识却不符合圣王的法制,君子鄙视这种人。"讲的就是这种情况。做了事而无助于成功,追求了而一无所有,忧虑也无益于事情实现,那就要将它们远远地丢掉。不要让它们来妨害自己,片刻也不能让它们留在心中干扰自己。不羡慕过往,不忧虑未来,没有怜悯之心,时机适当就要采取行动,事到临头了就要应对,事情发生了就要去处理,这样是治还是乱、是恰当还是不恰当,就清清楚楚了。

周而成,泄而败,明君无之有也;宣而成,隐而败,暗君无之有也。故君人者周则谗言至矣，直言反矣，小人迩而君子远矣。《诗》云："墨以为明，狐狸而苍。"[1] 此言上幽而下险也。君人者宣则直言至矣，而谗言反矣，君子迩而小人远矣。《诗》云："明明在下，赫赫在上。"[2] 此言上明而下化也。

【注释】

[1] "《诗》云"句：此诗当已失传，不见于今本《诗经》。

[2] "《诗》云"句：见《诗经·大雅·大明》。

【译文】

隐蔽真相就能成功，泄露实情就会失败，英明的国君没有这样的事；公开事实就能成功，隐蔽真相就会失败，昏聩的国君没有这样的事。所以如果国君隐蔽实情那么谗言就会到来，直言就会被收回，小人就会亲附而君子远离他。《诗经》中说："把黑暗说成是光明，那么狐狸也能成为青色。"这就是说国君昏暗而臣下阴险。如果国君公开真相那么直言就会到来，而谗言就会退回，君子就会亲近而小人远离。《诗经》中说："明亮在下面，是因为光明在上面。"这就是说国君光明正大而臣下就能受到感化。

正名

后王之成名：刑名从商，爵名从周，文名从《礼》①。散名之加于万物者，则从诸夏之成俗曲期②，远方异俗之乡则因之而为通。散名之在人者：生之所以然者谓之性。性之和所生，精合感应，不事而自然谓之性。性之好、恶、喜、怒、哀、乐谓之情。情然而心为之择谓之虑。心虑而能为之动谓之伪③。虑积焉、能习焉而后成谓之伪。正利而为谓之事。正义而为谓之行。所以知之在人者谓之知。知有所合谓之智。智所以能之在人者谓之能。能有所合谓之能。性伤谓之病。节遇谓之命。是散名之在人者也，是后王之成名也。

【注释】

① 《礼》：指周《仪礼》，也称《礼经》。

② 曲期：共同的约定。曲，周遍，多方面。

③ 伪：人为。

【译文】

后代君王确定名称：刑法的名称依从商代，爵位的名称依从周代，各种礼仪制度的名称依从《仪礼》。赋予万物的各种名称，则是依照中原各国已有的风俗习惯约定而成，偏远地区习俗不同的地方则凭借这些已经确定名称进行沟通。用于人本身的各种名称：生下来就如此的叫作天性。天性是阴阳之气相和而生的，精神与外物接触后的相互感应，不经过后天的人为加工而自然存在的就叫作本性。本性的好、恶、喜、怒、哀、乐叫作感情。心对这些感情进行选择叫作思虑。心中思虑而官能又按照心中思虑去行动就叫作人为。思虑不断积累、官能反复练习而后形成的事物就叫作人为。为了正当的利益去做的事叫作事业。为了正义去做的事叫作德行。人自身具有的了解事物的能力叫作认识能力。这种认识与外界事物相符合叫作智慧。人自身固有的某些能力叫作本能。本能与外界事物相符合叫作才能。人的天性受到了伤害叫作疾病。偶然的遭遇叫作命运。这是关于人本身的各种名称，是后代君王制定的名称。

故王者之制名，名定而实辨，道行而志通，则慎率民而一焉。故析辞擅作名以乱正名，使民疑惑，人多辨讼，则谓之大奸，其罪犹为符节、度量之罪也①。故其民莫敢托为奇辞以乱正名，故其民悫，悫则易使，易使则公②。其民莫敢托为奇辞以乱正名，故壹于道法而谨于循令矣。如是，则其迹长矣。迹长功成，治之极也，是谨于守名约之功也。今圣王没，名守慢，奇辞起，名实乱，是非之形不明，则虽守法之吏，诵数之儒，亦皆乱也。若有王者起，必将有循于旧名，有作于新名。然则所为有名，与所缘以同异，与制名之枢要，不可不察也。

【注释】

① 为：通"伪"，伪造。

② 公：通"功"，效果。

【译文】

所以国君制定各种事物的名称，名称确定下来而实物就能加以区分了，制定名称的基本原则施行了就可以沟通思想意志了，那么就可以谨慎地率领百姓而统一行动了。因此玩弄辞藻、擅自制造名称来扰乱正确的名称，使百姓疑惑，让众人起来辩论，这样的人就叫作最大的奸人，他的罪行就如同是伪造符节和度量衡那样严重。所以国君的百姓没有人敢假借奇谈怪论来扰乱正确名称，因此他的百姓就诚实，诚实就容易被役使，容易被役使就能建立功效。国君的百姓没有人敢假借奇谈怪论来扰乱正确名称的，所以就能专注于实行礼法而小心地遵守法令了。如果这样，那么他的事业就能长久了。事业长久功名就能建立，这是治理国家的顶点，这就是严格地坚守名称约定的功劳。现在英明的国君死了，名称的规定散漫了，奇谈怪论兴起，名称和实物一片混乱，是与非的标准分辨不清，即使是维护法度的官吏、研究典章制度的儒生，也都混乱了。如果有王者兴起，就一定沿袭旧有的名称，并制定一些新的名称。既然如此，那么之所以要有名称、名称有同有异的原因，以及制定名称的关键，就不能不考察清楚了。

异形离心交喻，异物名实玄纽①，贵贱不明，同异不别，如是则志必有不喻之患，而事必有困废之祸。故知者为之分别，制名以指实，上以明贵贱，下以辨同异。贵贱明，同异别，如是则志无不喻之患，事无困废之祸，此所为有名也。

【注释】

① 玄：通"眩"，混乱。纽：纽结。

【译文】

万物的外观不同，人们对此看法不同就需要互相说明；不同的事物，如果名称和实物混杂纠缠不清，那么贵贱的等级就不能明确，事物的同异就不能分别，如果这样，思想就一定存在表达不清的忧患，而事物一定存在困顿废弃的灾殃。所以聪慧的人对它们加以区分，制定名称来指明实物，对上用来表明贵贱等级差别，对下用来辨别事物同异之分。贵贱明确，同异有别，如果像这样，那么思想就不会存在表达不清的忧患，事物就不存在困厄废弃的灾殃，这就是之所以要制定名称的原因。

然则何缘而以同异？曰：缘天官①。凡同类、同情者，其天官之意物也同，故比方之疑似而通，是所以共其约名以相期也。形体、色、理以目异，声音清浊、调竽奇声以耳异②；甘、苦、咸、淡、辛、酸、奇味以口异；香、臭、芬、郁、腥、臊、洒、酸、奇臭以鼻异③；疾、养、沧、热、滑、铍、轻、重以形体异④；说、故、喜、怒、哀、乐、爱、恶、欲以心异⑤。心有征知⑥。征知则缘耳而知声可也，缘目而知形可也，然而征知必将待天官之当簿其类然后可也⑦。五官簿之而不知,心征之而无说,则人莫不然谓之不知,此所缘而以同异也。

【注释】

① 天官:耳、目、鼻、口、身等器官。参见《荀子·天论》。

② 调竽:学者王先谦认为当为"调节"。

③ 郁:草木腐臭的味道。洒:学者杨倞认为当为"漏"(lóu)字,通"蝼",马身上的臊臭味。酸:当为"膌"(yóu)字,牛身上的膻味。

④ 沧:寒冷。铍:学者杨倞认为当为"铍"字,通"涩"。

⑤ 故:通"固",烦闷。

⑥ 征:验证、考察。

⑦ 簿:通"薄",迫近。

【译文】

那么根据什么来分辨名称的异同呢?回答说:根据人天生的感官。凡是同一种族、具有相似感情的人,他们天生的感官对事物的感知也是相似的,所以名称对事物模仿的只要大体相似,他们之间就能相互理解,这就是人们要共同约定事物的名称来彼此交流的原因。物品的形状、体态、颜色、花纹因眼睛的不同而不同,声音的清浊、乐曲的和谐与不和谐因耳朵的不同而不同,甜、苦、咸、淡、辣、酸及各种奇怪的味道因嘴巴的不同而不同,香、臭、芬芳、腐臭、腥、臊、马膻气、牛膻气及各种奇怪的气味因鼻子的不同而不同,痛、痒、冷、热、滑、涩、轻、重因身体的不同而不同,高兴、烦闷、喜、怒、哀、乐、爱、恶、欲因心的不同而不同。心能验证认识。心能验证认识就是依靠耳朵来了解事物的声音,靠眼睛来了解事物的形体,然而心一定要等到感官接触到它们的对象然后才可以验证认识。感官接触外物然而却不认识其中的道理,心验证认识其中的道理然而却不能说明,那么就没有人不认为他无知的了,这就是区分名称同异的根据了。

然后随而命之:同则同之,异则异之,单足以喻则单,单不足以喻则兼,单与兼无所相避则共,虽共,不为害矣。知异实者之异名也,故使异实者莫不异名也,不可乱也,犹使异实者莫不同名也①。故万物虽众,有时而欲遍举之,故谓之物。物也者,大共名也。推而共之,共则有共,至于无共然后止。有时而欲遍举之②,故谓之鸟兽。鸟兽也者,大别名也。推而别之,别则有别,至于无别然后止。名无固宜,约之以命。约定俗成谓之宜,异于约则谓之不宜。名无固实,约之以命实,约定俗成谓之实名。名有固善,径易而不拂③,谓之善名。物有同状而异所者④,有异状而同所者,可别也。状同而为异所者,虽可合,谓之二实。状变而实无别而为异者,谓之化。有化而无别,谓之一实。此事之所以稽实定数也,此制名之枢要也。后王之成名,不可不察也。

【注释】

①异实:学者王念孙认为当为"同实"。

②遍:学者俞樾认为当为"偏"字。

③拂:逆,违反。

④所:实质。

【译文】

然后就接着给事物命名:相同的事物就取一样的名称,不同的事物就取不一样的名称,单个字能够使人清楚的就用单个字,单个字不能使人明白的就用两个或以上的字,两个或以上的字不需要互相回避的就用同一个统称,虽然用同一个统称,也没有什么妨碍。懂得不同的事物就应有不同的名称,所以使本质不一样的事物都有不同的名称,不能搞混乱,就如同本质一样的事物都有相同的名称一样。万物虽然众多,有时想要把它们全部概括起来,因此叫它们物。"物",是一个大的统称。依此类推来确定统称,统称之上又有统称,直到再也没有统称为止。有时想要概括一部分事物,所以叫它们鸟兽。"鸟兽",是一个大的个别名称。依此类推来确定个别名称,个别名称之中又有个别名称,直到再也没有个别名称为止。名称没有自然生成就合适的,而是以人们的共同约定来命名的。共同约定的名称成为习俗了就叫作合适,与共同约定的名称不同就叫作不合适。名称没有一产生就指代某种固定实物的,而是以人们的共同约定来命名的,共同约定而成了习俗就叫作实物的名称。名称有本来就起得很好的,直接易懂而不违反客观事物的道理,这就叫作好的名称。有的事物形状相同而实质不同,有的又形状不同而实质相同,这都是可以区别的。形状相同而实质不同,即使可以合用一个名称,也应该叫作两种实物。形状变了而实质没有区别却成为不同物品的,这就叫作变化。外形有变化而实质没有区别,就可以叫作同一实物。这就是要考察事物的实质、确定事物的数目的原因,这是制定名称的关键。后代君王确定名称,对这些情况不能不明察。

"见侮不辱"① "圣人不爱己"② "杀盗非杀人也"③,此惑于用名以乱名者也。验之所以为有名而观其孰行,则能禁之矣。"山渊平"④ "情欲寡"⑤ "刍豢不加甘,大钟不加乐"⑥,此惑于用实以乱名者也。验之所缘无以同异而观其孰调,则能禁之矣。"非而谒楹有牛⑦,马非马也⑧",此惑于用名以乱实者也。验之名约,以其所受悖其所辞,则能禁之矣。凡邪说辟言之离正道而擅作者,无不类于三惑者矣。故明君知其分而不与辨也。

【注释】

① 见侮不辱:这是战国中期宋钘的观点。

② 圣人不爱己:此观点出于何派已不详。

③ 杀盗非杀人也:这是墨家的说法,见《墨子·小取》。

④ 山渊平:这是惠施的说法。

⑤ 情欲寡:这是宋钘的说法。

⑥ 刍豢(huàn)不加甘,大钟不加乐:学者杨倞认为这是墨子的说法。

⑦ 非而谒楹有牛:此说出于何家已不详。

⑧ 马非马:疑为公孙龙的说法。

【译文】

"被欺侮不是耻辱""圣人不爱惜自己""杀害盗贼并不是杀人",这都是迷惑于用名称的异同来扰乱实质的异同的说法。用之所以要有名称的原因来验证这些说法，而观察一下哪一种行得通，就能禁止这些说法了。"高山和深渊同样平""人们的欲望本来就很少""猪牛羊等肉食的味道并不更鲜美，大钟的声音并不能使人更愉快"，这都是迷惑于用实物的异同来扰乱名称的异同的说法。用名称同异的根据来验证一下这些说法，观察哪一种与实情相符，就可以禁止它们了。"互相排斥，又互相包容有牛，马不是马"，这是迷惑于用名称的异同来扰乱实物的异同的说法。用名称的共同约定来验证一下这些说法，用他们所赞成的观点来反驳他们所反对的观点，就能禁止它们了。凡是离开正道而擅自制作的异端邪说、奇谈怪论，没有不类似于这三种迷惑的方法的。所以英明的国君知道这些分别而不屑于与他们争辩。

夫民易一以道而不可与共故，故明君临之以势，道之以道，申之以命，章之以论①，禁之以刑。故其民之化道也如神，辨势恶用矣哉②！今圣王没，天下乱，奸言起，君子无势以临之，无刑以禁之，故辨说也。实不喻然后命，命不喻然后期，期不喻然后说，说不喻然后辨。故期、命、辨、说也者，用之大文也，而王业之始也。名闻而实喻，名之用也。累而成文，名之丽也③。用、丽俱得，谓之知名。名也者，所以期累实也。辞也者，兼异实之名以论一意也。辨说也者，不异实名以喻动静之道也。期命也者，辨说之用也。辨说也者，心之象道也。心也者，道之工宰也④。道也者，治之经理也。心合于道，说合于心，辞合于说，正名而期，质请而喻⑤，辨异而不过，推类而不悖，听则合文，辨则尽故。以正道而辨奸，犹引绳以持曲直。是故邪说不能乱，百家无所窜⑥。有兼听之明而无奋矜之容，有兼覆之厚而无伐德之色。说行则天下正，说不行则白道而冥穷，是圣人之辨说也。《诗》曰："颙颙卬卬，如珪如璋，令闻令望。岂弟君子，四方为纲。"⑦此之谓也。

①章:通"彰",表明。

②辨势:学者卢文弨认为当为"辩说"。

③丽:通"俪",配合。

④工宰:主管。工,官。

⑤质:本质。请:通"情",实情。

⑥窜:躲藏。

⑦"《诗》曰"句:见《诗经·大雅·卷阿》。颙颙(yóng),谦恭温和的样子。卬卬(áng),志气高昂的样子。岂弟(kǎi tì),通"恺悌",和乐平易。

【译文】

百姓容易用道来统一而不可与他们共同了解这件事的原因,所以英明的国君用权势来管理他们,用大道来引导他们,用命令来告诫他们,用事理来开导他们,用刑法来约束他们。所以他的百姓接受大道的感化十分神速,哪里还用得着辩说呢!现在英明的君王死了,天下混乱,奸言四起,君子没有权势来治理百姓,没有刑法来约束百姓,所以只好辩说了。实物还弄不清楚然后就命名了,命名了而不清楚然后就加以描绘形容,描绘形容不清楚然后就加以解说,解说不清楚然后就进行辩论。所以描绘、命名、辩论、解说,是实际运用中的最好形式,是成为君王的开始。听到事物的名称就能了解它所代表的实物,这就是名称的功用。名称累积连缀起来而形成文章,这就是名称的配合。名称的功用和配合都很得当,就叫作懂得名称。名称,是人们共同约定用来表示各种实物的。文辞,是人们用不同实物的名称来表述一个意思的。辩论说明,是人们在同一实物的名称下来说明是与非的道理的。约定命名,是用来辩说的。辩说,是心对道认识的表现和反映。心,是道的主宰。道,是治理国家的根本原则。心合乎大道,辩说合乎心,文辞合乎辩说,名称正确而合乎人们共同的约定,根据实际而加以理解,辨别不同事物而不出现差错,推论同类事物而不违背事理,听起来要符合礼节,辩论起来要把原因深究清楚。用正确的道理来辨别邪邪,就如同拉直绳墨来衡量曲直那样。所以邪说不能使人陷入混乱,各家学说也无处可逃。有兼听各家的明智而没有骄傲自大的态度,有兼容并包的宽容度量而没有骄矜自夸的神色。如果学说得以实行那么天下就会安宁,如果学说不能实行那么就倡明大道而隐退,这就是圣人的辩论和说明。《诗经》中说:"态度谦退恭敬、志气高扬,就像珪和璋,名望声誉显扬。和乐平易的君子啊,是天下人的好表率。"讲的就是这种情况。

辞让之节得矣,长少之理顺矣,忌讳不称,袄辞不出,以仁心说,以学心听,以公心辨。不动乎众人之非誉,不治观者之耳目[①],不赂贵者之权势[②],不利传辟者之辞,故能处道而不贰,吐而不夺[③],利而不流,贵公正而贱鄙争,是士君子之辨说也。《诗》曰:"长夜漫兮,永思骞兮。大古之不慢兮,礼义之不愆兮,何恤人之言兮!"[④]此之谓也。

【注释】

①治:学者王念孙认为当为"冶",通"蛊",迷惑。

②赂:用财物买通。

③吐:学者俞樾认为当为"咄",通"诎",困顿。

④骞(qiān):过错。愆(qiān):违背。

【译文】

谦退礼让的礼节得当了,长幼的伦理有序了,犯忌讳的话不说,奇谈怪论不讲,用慈爱的心去说,用学习的心去倾听,用公正的心去辩论。不因众人的毁谤或赞誉而动摇,不去迷惑旁观者的耳目,不买通尊贵者的权势,不传播邪说者的言论,所以能够专心一志地坚守大道,言论虽然困屈然而志向不改,口才流利而不流于世俗,尊重公正而鄙视争斗,这就是士君子的辩说。《诗经》中说:"漫漫长夜啊,我常常反省我的过错。对古人从未怠慢过,礼义上从未有过错,又何必担心别人的议论呢!"讲的就是这种情况。

君子之言,涉然而精[①],俛然而类[②],差差然而齐[③]。彼正其名,当其辞,以务白其志义者也。彼名辞也者,志义之使也,足以相通则舍之矣;苟之,奸也。故名足以指实,辞足以见极,则舍之矣。外是者谓之讱④,是君子之所弃,而愚者拾以为己宝。故愚者之言,芴然而粗⑤,啧然而不类⑥,诸诸然而沸⑦。彼诱其名,眩其辞,而无深于其志义者也。故穷藉而无极,甚劳而无功,贪而无名。故知者之言也,虑之易知也,行之易安也,持之易立也,成则必得其所好而不遇其所恶焉。而愚者反是。《诗》曰:"为鬼为蜮,则不可得;有靦面目,视人罔极。作此好歌,以极反侧。"此之谓也。

【注释】

① 涉然:深入的样子。

② 俛然:贴切。俛,通"俯"。

③ 差差(cī)然:参差不齐的样子。

④ 讱(rèn):难懂。

⑤ 芴然:通"忽然",没有根据的样子。

⑥ 啧然:形容深奥的样子。

⑦ 诸诸(tà)然:喧嚣的样子。

【译文】

　　君子的语言,深切而精微,中肯而有妥当,错落变化而始终如一。他正确地运用名称,恰当地使用辞藻,来努力阐明他的思想。那些名称和言辞,是用来表达思想的,能够用来互相沟通思想就足够了;如果胡乱使用,就是奸邪了。所以名称足以指代实物,言辞足以表达主旨就足够了。如果背离了这个原则就叫作晦涩难懂,这是为君子所抛弃的,而愚蠢的人却捡起来当作珍宝。所以愚蠢之人的言论,轻浮无据而又粗浅,晦涩而无条理,啰唆而嘈杂。他运用吸引人的名称,使用让人眼花缭乱的言语,却没有深刻的思想内涵。所以他搬弄各种词句却不着边际没有主旨,非常劳累却没有功效,贪求名声却没有声誉。因此聪明之人的言论,思考起来就很容易理解,运用起来很容易做到,坚持起来容易站得住脚,有所成效就一定得到自己希望得到的而不会遇到自己厌恶的。而愚蠢的

正名

人则与此相反。《诗经》中说："你若是鬼是怪，我自然无法看见你；你有着丑陋的面目，我最终会把你看透，我创作这首善意的歌，来揭露你的反复无常。"讲的就是这种情况。

凡语治而待去欲者，无以道欲而困于有欲者也^①。凡语治而待寡欲者，无以节欲而困于多欲者也。有欲无欲，异类也，生死也，非治乱也。欲之多寡，异类也，情之数也，非治乱也。欲不待可得，而求者从所可。欲不待可得，所受乎天也；求者从所可，受乎心也。所受乎天之一欲，制于所受乎心之多，固难类所受乎天也。人之所欲，生甚矣；人之所恶，死甚矣。然而人有从生成死者^⑦，非不欲生而欲死也，不可以生而可以死也。故欲过之而动不及，心止之也。心之所可中理，则欲虽多，奚伤于治！欲不及而动过之，心使之也。心之所可失理，则欲虽寡，奚止于乱！故治乱在于心之所可，亡于情之所欲。不求之其所在，而求之其所亡，虽曰我得之，失之矣。性者，天之就也；情者，性之质也；欲者，情之应也。以所欲为可得而求之，情之所必不免也；以为可而道之，知所必出也。故虽为守门，欲不可去，性之具也。虽为天子，欲不可尽。欲虽不可尽，可以近尽也；欲虽不可去，求可节也。所欲虽不可尽，求者犹近尽；欲虽不可去，所求不得，虑者欲节求也。道者，进则近尽，退则节求，天下莫之若也。

【注释】

① 道：通"导"，引导。

② 从：放弃。成：趋向。

【译文】

大凡谈论治理国家的大道而要求消除人们欲望，往往没有办法引导人们的欲望却反而被已有的欲望困扰了。大凡谈论治理国家的大道而要求人们减少欲望，往往没有办法节制欲望却反而被过多的欲望困扰了。有欲望和没有欲望，是不同的事物，是生和死的区别，与国家的治和乱没有关系。欲望的多少，是不同的事物，是情感的多少的分别，与国家的治和乱没有关系。欲望不是靠得到才产生的，而是追求的人认为可以获得满足才去争取的。欲望不是靠得到才产生的，是与生俱来的；追求欲望的人认为可以获得满足才去争取的，是受人心的驱使。与生俱来的单纯的欲望，受到心的多种追求的约束，所以很难再和与生俱来的单纯的欲望相比。人们想得到的，莫过于活着了；人们所厌恶的，莫过于死亡了。然而有人放弃生而寻求死，并不是因为他不想生而想死，而是因为他此时不可以苟且偷生而只能去死。所以欲望过分强烈而行动不想跟上，是心约束了欲望。心中的欲望合乎道理，那么即使欲望再多，又怎么会损害国家的治理呢？欲望不强烈而行动却过分强烈，是心支配了它。心中的欲望不合乎道理，那么即使欲望很少，又怎么会阻止混乱呢？所以国家的治和乱取决于内心想得到的事物是否合乎道理，而不在于情感的欲望。不去寻求国家治乱的根源，却从没有关系的地方寻找，即使说我找到了问题的关键，还是失去了。本性，是天生就有的；情感，是本性的实质；欲望，是情感的反应。认为自己的欲望可以得到满足而去求取，是情感所不可避免的；认为可以得到满足而实行它，这是智慧必然的要求。所以即使是看门的人，也不可能去掉欲望，这是人的本性所决定的。即使是天子，也不可能完全满足自己的欲望。不可能完全满足欲望，但可以接近于完全满足欲望；欲望虽然不可能消除，对欲望的追求可以约束。虽然不可能完全满足欲望，追求的人还可以接近完全满足欲望；欲望虽然不可能消除，所追求的得不到满足，善于思考的人就会约束追求。有道之人，富贵了就要接近于完全满足自己的欲望，贫贱了就约束自己的追求，世间没有比这更好的了。

凡人莫不从其所可，而去其所不可。知道之莫之若也，而不从道者，无之有也。假之有人而欲南无多，而恶北无寡，岂为夫南者之不可尽也，离南行而北走也哉？今人所欲无多，所恶无寡，岂为夫所欲之不可尽也，离得欲之道而取所恶也哉？故可道而从之，奚以损之而乱！不可道而离之，奚以益之而治！故知者论道而已矣，小家珍说之所愿皆衰矣①。凡人之取也，所欲未尝粹而来也②；其去也，所恶未尝粹而往也。故人无动而不可以不与权俱③。衡不正④，则重县于仰而人以为轻⑤，轻县于俛而人以为重，此人所以惑于轻重也。权不正，则祸托于欲而人以为福，福托于恶而人以为祸，此亦人所以惑于祸福也。道者，古今之正权也，离道而内自择，则不知祸福之所托。易者以一易一，人曰无得亦无丧也；以一易两，人曰无丧而有得也；以两易一，人曰无得而有丧也。计者取所多，谋者从所可。以两易一，人莫之为，明其数也。从道而出，犹以一易两也，奚丧？离道而内自择，是犹以两易一也，奚得？其累百年之欲，易一时之嫌，然且为之，不明其数也。

【注释】

① 珍：异。

② 粹：完全。

③ 权：秤锤，引申为标准。

④ 衡：衡量东西轻重的器具。

⑤ 县：通"悬"，悬挂。

【译文】

大凡人没有不依从自己所认可的，而抛弃自己所否定的。懂得没有比道更好的事物了，却不依从道，是没有这样的人的。假如有人想往南走而不管路多么远，厌恶往北走而不管路多么近，难道他会为了南方的路走不到尽头，就掉转方向而往北走吗？现在人们所希望得到的不嫌多，所厌恶的不嫌少，难道会因为想得到的不可能得到全部满足，就抛弃想得到的东西而追求所厌恶的东西吗？所以如果欲望符合大道而依从它，还能用什么来妨碍它而使国家混乱呢！欲望不符合大道而抛弃它，还能用什么来增加它而使国家安定呢！所以聪明的人只谈论正道罢了，不合正道的百家邪学的愿望自然就都衰亡了。大凡人们追求时，希望得到的东西从来不曾完全得到；希望抛弃时，所厌恶的东西从来不曾完全丢掉。所以人们无论做什么都会有一定的标准来衡量。秤不准，那么即使挂上重物仰起来人们也认为是轻的，挂上轻物低下去人们反而认为它是重的，这就是人们对轻重迷惑不清的原因。标准不正确，那么灾殃寄托于欲望中而人们认为那是幸福，幸福寄托于厌恶中而人们认为那是祸害，这也是人们对于祸福迷惑不清的原因。道，是古往今来最正确的衡量标准，离开正道而由内心做出选择，就不知道祸福的所在了。交换如果是用一个换一个，人们就会说没有得到也没有失去；如果用一个换两个，人们就会说没有损失而有得到；如果用两个换一个，人们就会说没有得到而有损失。会计算的人选取多的东西，会谋划的人遵从他所认可的事物。用两个换一个，没有谁愿意这样做，这是因为人们明白它们数量的缘故。依从正道去行动，就如同用一个换两个，哪会有什么损失呢？离开正道而由内心去做出选择，这就如同是用两个换一个，哪里会有所得呢？长期积累的欲望，换一时嫌恶的事物，然而还是这样做，这就是因为不懂得它们数量关系的缘故。

　　有尝试深观其隐而难其察者，志轻理而不重物者，无之有也；外重物而不内忧者，无之有也。行离理而不外危者，无之有也；外危而不内恐者，无之有也。心忧恐则口衔刍豢而不知其味，耳听钟鼓而不知其声，目视黼黻而不知其状，轻暖平簟而体不知其安①。故向万物之美而不能嗛也，假而得问而嗛之②，则不能离也。故向万物之美而盛忧，兼万物之利而盛害。如此者，其求物也，养生也？粥寿也③？故欲养其欲而纵其情，欲养其性而危其形，欲养其乐而攻其心，欲养其名而乱其行。如此者，虽封侯称君，其与夫盗无以异；乘轩戴绋，其与无足无以异。夫是之谓以己为物役矣。

【注释】

① 簟(diàn)：竹子编成的席子。

② 得问：学者王念孙认为当为"得间"。

③ 粥(yù)：通"鬻"，卖。

【译文】

我又尝试深入地观察那些隐藏而难以看明白的状况，内心轻视道理而不看重外界物质,这种人是没有的;看重外界物质而内心不担忧,这种人是没有的。行为背离道理而不遭遇外来危险,这种人是没有的;遭遇外来危险而内心不害怕,这种人是没有的。内心担忧害怕那么即使嘴里嚼着肉食也不知其味,耳朵听到钟鼓的乐声也不觉得动听,眼睛看到华丽的服饰也不觉得美丽,穿着轻柔暖和的衣服睡在竹席上身体也不觉得舒适。所以这样的人享受万物中最美好的东西而不知道满足,假设得到片刻的满足,心里还是担忧害怕。所以即使享受到万物中最美好的东西却忧心忡忡,得到了万物的好处却十分有害。像这样的人,是寻求物质享受呢,还是保养生命呢?还是出卖生命呢?所以想满足欲望却放纵自己的情欲,想保养生命反而危害了自己的身体,想满足自己的快乐反而损害了自己的内心,想保护自己的名声却恣意妄为。像这样的人,即使被封为诸侯、称作国君,与盗贼也没有什么分别;即使乘坐大车戴着礼帽,与缺衣少食的百姓也没有什么区别。这就叫作被自己的欲望和外物所役使。

心平愉,则色不及佣而可以养目①,声不及佣而可以养耳,蔬食菜羹而可以养口②,粗布之衣、粗𦂅之履而可以养体③,屋室、庐庾、葭槀蓐、尚几筵而可以养形④。故无万物之美而可以养乐,无势列之位而可以养名。如是而加天下焉,其为天下多,其和乐少矣⑤,夫是之谓重己役物。

无稽之言,不见之行,不闻之谋,君子慎之。

【注释】

① 佣:通"庸",一般,平庸。

② 蔬食:通"疏食",粗食。

③ 𦂅(xún):粗麻绳。

④ 屋室:学者王念孙认为当作"局室"。庐庾:当为"庐帘"。尚:疑为"𦸈"字之误,通"敝",破旧。

⑤ 和:学者王念孙认为当为"私",私利。

内心安宁愉快，那么即使颜色不漂亮也可以保养自己的眼睛，即使音乐不悦耳也可以保养自己的耳朵，即使吃粗食、喝菜汤也可以保养自己的嘴巴，粗布做的衣服、麻绳做的鞋子也可以保养自己的身体，狭窄的小屋、芦苇帘子、稻草垫子、破旧的桌椅也可以保养自己的形体。所以即使没有万物中最美好的东西也可以享受乐趣，即使没有权势地位也可以保养自己的名誉。像这样的人而把统治天下的重任交给他，他就会为天下操心多，而个人的享乐就少了，这就叫作重视自己而让自己役使外物。

没有凭据的言论，从未见过的行为，从未听过的计谋，君子要谨慎地对待。

正名

性恶

　　人之性恶,其善者伪也。今人之性,生而有好利焉,顺是,故争夺生而辞让亡焉;生而有疾恶焉^①,顺是,故残贼生而忠信亡焉;生而有耳目之欲,有好声色焉,顺是,故淫乱生而礼义文理亡焉。然则从人之性^②,顺人之情,必出于争夺,合于犯分乱理而归于暴。故必将有师法之化,礼义之道^③,然后出于辞让,合于文理,而归于治。用此观之,然则人之性恶明矣,其善者伪也。故枸木必将待檃栝烝矫然后直^④,钝金必将待砻厉然后利^⑤。今人之性恶,必将待师法然后正,得礼义然后治。今人无师法则偏险而不正,无礼义则悖乱而不治。古者圣王以人之性恶,以为偏险而不正,悖乱而不治,是以为之起礼义、制法度,以矫饰人之情性而正之,以扰化人之情性而导之也。始皆出于治,合于道者也。今之人,化师法,积文学,道礼义者为君子;纵性情,安恣睢,而违礼义者为小人。用此观之,然则人之性恶明矣,其善者,伪也。

【注释】

① 疾:嫉妒。

② 从:通"纵",放纵。

③ 道:通"导",引导。

④ 枸木:曲木。枸,弯曲。檃栝(yǐn kuò):矫正弯木的工具。

⑤ 砻(lóng):磨。厉:通"砺",磨刀石,这里指磨砺。

【译文】

　　人的本性是邪恶的,而那些善行是后天人为的。现在人的本性,生下来就有贪图私利之心,顺着这种人的本性发展,所以就会产生争抢劫夺的行为而谦让就消失不见了；人生下来就有忌妒憎恨之心，顺着这种人的本性发展，所以就会产生残杀陷害的行为，而忠诚守信的美德就消失不见了；人生下来就有耳朵和眼睛的欲望，有爱好音乐和美色的本性，顺着这种人的本性发展，所以淫荡混乱的行为就发生了，而礼义法度就消失了。那么放纵人的本性，顺从人的情欲，就一定会产生争抢劫夺的行为，出现违背等级名分、扰乱礼义法度的事情从而导致暴乱。所以一定要有老师、法度予以教化，有礼义予以引导，然后百姓才能从谦恭礼让出发，行为遵守礼法，从而使社会趋于安定。由此看来，人的本性是邪恶的这件事就很明显了，那些善行是后天人为的。所以弯曲的木料一定要依靠矫正曲木的工具进行蒸烤和矫正然后才能变直，不锋利的金属刀具一定要依靠磨砺然后才能变得锋利。现在人的本性是邪恶的，一定要依靠老师和法度予以教化然后才能得以端正，得到礼义的引导然后才能得到治理。现在的人们没有老师和法度予以教化就会行为邪恶阴险而不端正，没有礼义的引导就会悖理作乱而不遵守秩序。古代的圣明君王认为人性本来就是邪恶的，认为人们的行为邪恶阴险而不端正，悖理作乱而不遵守秩序，因此为他们设立了礼义、制定了法度，用来整顿治理人们的情性欲望而使之端正，用以教育转变人们的性情而加以引导，使他们的行为开始遵守秩序，合于正确的道德准则。现在的人，能够得到老师和法度的教化，积累典章文献知识，遵循礼义的人就成了君子；放纵性情欲望，肆意胡为，违背礼义的人就成了小人。由此可见，那么人的本性是邪恶的这件事就很明显了，那些善行是后天人为的。

孟子曰："人之学者，其性善。"曰：是不然。是不及知人之性，而不察乎人之性、伪之分者也。凡性者，天之就也，不可学，不可事；礼义者，圣人之所生也，人之所学而能，所事而成者也。不可学、不可事而在人者谓之性 ①，可学而能、可事而成之在人者谓之伪。是性、伪之分也。今人之性，目可以见，耳可以听。夫可以见之明不离目，可以听之聪不离耳，目明而耳聪，不可学明矣。孟子曰："今人之性善，将皆失丧其性故也。"曰：若是，则过矣。今人之性，生

性
恶

而离其朴②,离其资③,必失而丧之。用此观之,然则人之性恶明矣。所谓性善者,不离其朴而美之,不离其资而利之也。使夫资朴之于美,心意之于善,若夫可以见之明不离目,可以听之聪不离耳,故曰目明而耳聪也。今人之性,饥而欲饱,寒而欲暖,劳而欲休,此人之情性也。今人饥,见长而不敢先食者④,将有所让也;劳而不敢求息者,将有所代也。夫子之让乎父,弟之让乎兄,子之代乎父,弟之代乎兄,此二行者,皆反于性而悖于情也;然而孝子之道,礼义之文理也。故顺情性则不辞让矣,辞让则悖于情性矣。用此观之,然则人之性恶明矣,其善者伪也。

【注释】

① 人:学者顾千里认为当为"天"。

② 朴:质朴。

③ 资:材,指天赋。

④ 长:长辈。

【译文】

孟子说:"人们之所以学习,是因为人的本性是善良的。"回答说:这是不对的。这是没有真正认识到人的本性,而且没有明察人的本性与人为之间的不同。凡是人的本性,是自然形成的,是不能学习的,不是人为所能做到的;礼义,是圣人制定的,是人们只要学习就能学会,只要努力去做就能取得成功的。不能通过学习获得、不能靠人为做到而自然形成的就叫作本性,通过学习就能获得、通过人为努力就能做到的就叫作人为。这就是人的本性与人为之间的不同。现在人们的本性,眼睛可以看,耳朵可以听。要看得清楚就离不开眼睛,要听得清楚就离不开耳朵,眼睛的明亮和耳朵的灵敏不是通过后天学习才具有的,这是很明显的。孟子说:"现在人的本性本来是善的,因为都丧失了自己善良的本性所以变得邪恶了。"回答是:如果这样解释就犯错了。现在人的本性,如果一出生就脱离了它的质朴,脱离了它的资质,那就一定会丧失本性。由此看来,那么人的本性是邪恶的这件事就很明显了。所谓性善,是指不离开它固有的质朴就觉得美，不离开它固有的资质就觉得好。资质、质朴对于美，心意对于善良，就像要看得清楚就离不开眼睛，要听得清楚就离不开耳朵一样，所以说眼睛明亮而耳朵灵敏。现在人的本性，感觉饿了就想吃饱，感觉冷了就想穿得暖和，感觉累了就想要休息，这是人的欲望和本性。现在的人如果感觉饿了，看到长辈就不敢先吃，因为要有所谦让；感觉累了也不敢要求休息，因为要为长辈代劳。儿子对父亲谦让，弟弟对兄长谦让，儿子代替父亲劳动，弟弟代替兄长劳动，这两种行为都违反了人的欲望和本性；然而这却是孝子的原则，礼义的制度。所以如果顺着欲望和本性就不谦恭礼让了，谦恭礼让就背离欲望本性了。由此看来，那么人的本性是邪恶的这件事就很明显了，那些善行是后天人为的。

问者曰："人之性恶，则礼义恶生？"应之曰：凡礼义者，是生于圣人之伪，非故生于人之性也①。故陶人埏埴而为器②，然则器生于工人之伪③，非故生于人之性也。故工人斫木而成器，然则器生于工人之伪，非故生于人之性也。圣人积思虑，习伪故，以生礼义而起法度，然则礼义法度者，是生于圣人之伪，非故生于人之性也。若夫目好色，耳好声，口好味，心好利，骨体肤理好愉佚，是皆生于人之情性者也，感而自然，不待事而后生之者也。夫感而不能然，必且待事而后然者，谓之生于伪。是性、伪之所生，其不同之征也。故圣人化性而起伪，伪起而生礼义，礼义生而制法度。然则礼义法度者，是圣人之所生也。故圣人之所以同于众，其不异于众者，性也；所以异而过众者，伪也。夫好利而欲得者，此人之情性也。假之人有弟兄资财而分者，且顺情性，好利而欲得，若是则兄弟相拂夺矣；且化礼义之文理，若是则让乎国人矣。故顺情性则弟兄争矣，化礼义则让乎国人矣。凡人之欲为善者，为性恶也。夫薄愿厚，恶愿美，狭愿广，贫愿富，贱愿贵，苟无之中者④，必求于外；故富而不愿财，贵而不愿势，苟有之中者必不及于外。用此观之，人之欲为善者，为性恶也。今人之性，固无礼义，故强学而求有之也；性不知礼义，故思虑而求知之也。然则生而已，则人无礼义，不知礼义。

性恶

人无礼义则乱,不知礼义则悖。然则生而已,则悖乱在己。用此观之,人之性恶明矣,其善者伪也。

【注释】

① 故:通"固",本来。

② 埏埴(shān zhí):用水调和黏土以制作陶器。

③ 工人:学者王念孙认为当为"陶人"。

④ 中:本身。

【译文】

有人问:"既然人的本性是邪恶的,那么礼义是怎样产生的呢?"回答说:所有的礼义,都是由圣人人为制定出来的,不是原来产生于人的本性。所以制作陶器的工人把黏土调和揉捏起来就做成陶器,那么陶器就产生于制陶器工人的人为劳动,并不是产生于人的本性。所以木工砍削木料制成器具,然而器具产生于木工人的人为加工,并不是产生于人的本性。圣人深思熟虑,学习人们的作为,创立了礼义并且制定了法度,那么礼义和法度,就是产生于圣人的作为,并不是产生于人的本性。至于眼睛喜欢看美色,耳朵喜欢听音乐,嘴巴喜欢吃美味,内心喜欢求私利,身体喜欢享受快乐安逸,这些才产生于人的本性情欲,受到外界的触动就自然如此,不需要依靠后天人为努力就产生的。那些受到外界触动却并不自然如此,依然要依靠后天努力才能形成的,就叫作产生于人为。这是人的本性和后天人为产生的情况和它们的不同特征。所以圣人改变人们恶的本性而有了后天人为的努力,有了后天人为的努力就产生了礼义,有了礼义后就制定法度。那么礼义和法度,就是圣人创造的。所以圣人和普通人相同而没有差别的地方,在于先天的本性;和普通人不同又超越普通人的地方,在于后天的努力。贪财好利并且想得到私利,这是人们的本性情欲。假如有弟兄二人分配财产,如果依从本性情欲,贪财好利并且想得到私利,那么兄弟二人之间就会互相争夺了;如果用礼义制度对他们加以教化,那么就会把这些资财让给普通人了。所以如果依从本性情欲那么弟兄二人之间就会互相争夺,如果受到礼义教化就会推让给别人。大凡人们要做善事,就是因为本

荀子

性是恶的缘故。菲薄的希望变得丰厚，丑陋的希望变得美好，狭窄的希望变得宽大，贫穷的希望变得富有，卑贱的希望变得高贵，如果本身没有的，就一定会向外面寻求；所以富裕的就不再向往钱财，高贵的就不再追求权势，如果本身就拥有的，就一定不会向外面寻求。由此可见，人之所以想做善事，就是因为本性是恶的缘故。现在人们的本性，本来就没有礼义，因此努力学习以力求得到礼义；本性不懂得礼义，因此才认真思索以力求懂得礼义。那么就人们的本性而言，既没有礼义，也不懂得礼义。人们没有礼义就会陷入混乱，不懂得礼义就会违反正道。然而就人的本性而言，陷入混乱和违反正道的原因就在于自身了。由此看来，人的本性是邪恶的这件事就明显了，那些善良的行为是后天人为的。

孟子曰："人之性善。"曰：是不然。凡古今天下之所谓善者，正理平治也；所谓恶者，偏险悖乱也。是善恶之分也已。今诚以人之性固正理平治邪？则有恶用圣王，恶用礼义矣哉！虽有圣王礼义，将曷加于正理平治也哉！今不然，人之性恶。故古者圣人以人之性恶，以为偏险而不正，悖乱而不治，故为之立君上之势以临之，明礼义以化之，起法正以治之，重刑罚以禁之，使天下皆出于治，合于善也。是圣王之治，而礼义之化也。今当试去君上之势 ①，无礼义之化，去法正之治，无刑罚之禁，倚而观天下民人之相与也 ②。若是，则夫强者害弱而夺之，众者暴寡而哗之，天下之悖乱而相亡不待顷矣。用此观之，然则人之性恶明矣，其善者伪也。故善言古者必有节于今 ③，善言天者必有征于人。凡论者，贵其有辨合 ④，有符验，故坐而言之，起而可设，张而可施行。今孟子曰"人之性善"，无辨合符验，坐而言之，起而不可设，张而不可施行，岂不过甚矣哉！故性善则去圣王，息礼义矣；性恶则与圣王，贵礼义矣。故櫽栝之生，为枸木也；绳墨之起，为不直也；立君上，明礼义，为性恶也。用此观之，然则人之性恶明矣，其善者伪也。直木不待櫽栝而直者，其性直也；枸木必将待櫽栝烝矫然后直者，以其性不直也。今人之性恶，必将待圣王之治，礼义之化，然后皆出于治，合于善也。用此观之，人之性恶明矣，其善者伪也。

【注释】

① 当试：学者王先谦认为当为"尝试"。

② 倚：站立。

③ 节：符节，这里引申为征验。

④ 辨：通"别"，古代的一种凭证，一分为二，两家各执一半，可供核对作为证明。

【译文】

孟子说："人的本性是美善的。"回答是：这种说法是不对的。凡是天下古今所说的善，就是符合礼义法度、遵守社会秩序；所说的恶，就是偏邪阴险、背道作乱。这就是美善和邪恶的区别。现在人们真的认为人的本性本来就是符合礼义法度、遵守社会秩序的吗？如果真的是这样那还用得着圣明的君王、用得着礼义制度吗？即使有圣明君王和礼义制度，又能在符乎礼义法度、遵守社会秩序的基础上有什么增益呢？现在的情况并不是这样的，因为人的本性确实是邪恶的。所以古代圣王认为人的本性是邪恶的，认为人性偏邪阴险而不端正，违背事理而不遵守秩序，所以为他们树立了君主的权威来管理他们，倡导礼义来教育感化他们，制定法度来统治他们，加重刑罚来阻止他们为所欲为，使天下都能安定有序，符合"善"的标准。这是圣明的君王的治理之道和礼义的教化。现在假如尝试着去掉君王的权威，没有了礼义的教化，废除法度的管理，去掉刑罚的禁止，站在一旁观看天下人之间的相互交往。如果这样，那么强者就会侵害弱者并劫掠他们，人多势众的就会欺凌势单力薄的并侵扰他们，天下人违背道义而作乱，各国间相互攻伐灭亡就是顷刻间的事了。由此可见，那么人的本性是邪恶的这件事就很明显了，善良的行为是后天人为的。所以善于谈论古代事情的人一定要用当代的事情来做验证，善于谈论天道的人一定要用人类社会的事做验证。大凡辩论一件事，重要的是有根据、能检验，所以坐着谈论的事，站起来就可以布置安排，推广开来就可以实施。现在孟子说"人的本性是美善的"，这一观点没有根据、不能检验,坐着可以谈论,站起来却不可以安排布置,推广开来也不能实施,岂不是大错而特错了吗?所以如果人的本性是美善的就可去掉圣明的君王、取消礼义了;本性是邪恶的就该赞同圣明的君王、推崇礼义了。所以矫正弯曲木料的工具的产生,是因为有弯曲的木材;画直线的绳墨的产生,是因为有不直的木材;设置君主,彰显礼义,是因为人的本性是邪恶的。由此可见,那么人的本性是邪恶的这件事就很明显了,善良的行为是后天人为的。直木不用矫木工具的矫正就直,是因为它的本性就是直的;弯木则必须要依靠矫木工具的蒸烤和矫正然后才能变直,因为它的本性就是弯曲的。现在人的本性是邪恶的,必定要依靠圣明君王的治理,礼义的教化,然后才能遵守社会秩序,符合"善"的标准。由此可见,人的本性是邪恶的这件事就很明显了,善良的行为是后天人为的。

问者曰:"礼义积伪者,是人之性,故圣人能生之也。"应之曰:是不然。夫陶人埏埴而生瓦,然则瓦埴岂陶人之性也哉?工人斫木而生器,然则器木岂工人之性也哉?夫圣人之于礼义也,辟则陶埏而生之也[①],然则礼义积伪者,岂人之本性也哉?凡人之性者,尧、舜之与桀、跖,其性一也;君子之与小人,其性一也。今将以礼义积伪为人之性邪?然则有曷贵尧、禹[②],曷贵君子矣哉?凡所贵尧、禹、君子者,能化性,能起伪,伪起而生礼义。然则圣人之于礼义积伪也,亦犹陶埏而生之也。用此观之,然则礼义积伪者,岂人之性也哉?所贱于桀、跖、小人者,从其性,顺其情,安恣睢,以出乎贪利争夺。故人之性恶明矣,其善者伪也。天非私曾、骞、孝已而外众人也[③],然而曾、骞、孝已独厚于孝之实而全于孝之名者,何也?以綦于礼义故也。天非私齐、鲁之民而外秦人也,然而于父子之义、夫妇之别,不如齐、鲁之孝具敬父者[④],何也?以秦人之从情性,安恣睢,慢于礼义故也。岂其性异矣哉?

【注释】

① 辟:通"譬",比如。

性
恶

② 有：通"又"。

③ 曾、骞：曾参和闵子骞，都是孔子的学生，均以孝著称。孝己：殷高宗的长子，有孝道。

④ 具：学者王念孙认为当为"工"，恭敬，通"恭"。父：学者杨倞认为当为"文"字。

【译文】

问的人说："人为的积累而成为礼义，这是人的本性，所以圣人才能创制出礼义来。"回答说：这种说法不对。制作陶器的工人调和、揉捏黏土而制陶器，然而用黏土制成的陶器难道就是制陶工人的本性吗？木工砍削木材而加工成器具，然而由木材加工而成的器具难道就是木工的本性吗？圣人之于礼义，打个比方来说，就如同制陶工人调和、揉捏黏土而制成陶器一样，那么根据人为的积累而创制出礼义，难道就是人的本性吗？大凡人的本性，尧、舜和桀、跖，他们的本性是相同的；君子和小人，他们的本性是相同的。现在这样还要把根据人为积累而创制出来的礼义作为人的本性吗？如果这样，那么又为何推崇尧、禹，为何推崇君子呢？之所以推崇尧、禹、君子，是因为他们能改变人的本性，能做出人为的努力，人为的努力做出后就产生了礼义。然而圣人之于根据人为积累而创制出来的礼义，就如同制陶工人调和、揉捏黏土而制成陶器一样。由此可见，那么根据人为积累而创制出来的礼义，难道就是人的本性吗？人们之所以鄙薄桀、跖、小人，是因为他们放纵本性，依顺着情欲，肆意妄为，因贪图利益互相争夺。所以人的本性是邪恶的这件事就很明显了，善良的行为是后天人为的。上天并不是偏爱曾参、闵子骞和孝己而排斥众人，然而只有曾参、闵子骞和孝己注重孝道的实践而成就了孝道的名声，这是什么原因呢？就是因为他们竭尽全力追求礼义的缘故。上天并不是偏爱齐人和鲁人而排斥秦人，但是秦国人对于父子的道义、夫妻的分别，不像齐人、鲁人那般恭敬有礼，这是什么原因呢？就是因为秦国人放纵情欲，恣意妄为，轻慢礼义的缘故。这难道是因为他们的本性有什么不同吗？

"涂之人可以为禹"①,曷谓也? 曰: 凡禹之所以为禹者,以其为仁义法正也。然则仁义法正有可知可能之理,然而涂之人也,皆有可以知仁义法正之质,皆有可以能仁义法正之具,然则其可以为禹明矣。今以仁义法正为固无可知可能之理邪? 然则唯禹不知仁义法正②,不能仁义法正也。将使涂之人固无可以知仁义法正之质,而固无可以能仁义法正之具邪? 然则涂之人也,且内不可以知父子之义,外不可以知君臣之正。不然。今涂之人者,皆内可以知父子之义,外可以知君臣之正,然则其可以知之质,可以能之具,其在涂之人明矣。今使涂之人者以其可以知之质,可以能之具,本夫仁义之可知之理,可能之具,然则其可以为禹明矣。今使涂之人伏术为学③,专心一志,思索孰察,加日县久④,积善而不息,则通于神明,参于天地矣。故圣人者,人之所积而致矣。曰:"圣可积而致,然而皆不可积,何也? " 曰: 可以而不可使也。故小人可以为君子而不肯为君子,君子可以为小人而不肯为小人。小人、君子者,未尝不可以相为也,然而不相为者,可以而不可使也。故涂之人可以为禹则然,涂之人能为禹,则未必然也。虽不能为禹,无害可以为禹。足可以遍行天下,然而未尝有能遍行天下者也。夫工匠、农、贾,未尝不可以相为事也,然而未尝能相为事也。用此观之,然则可以为,未必能也;虽不能,无害可以为。然则能不能之与可不可,其不同远矣,其不可以相为明矣。

【注释】

①涂:通"途",路途、道路。

②唯:即使。

③伏:通"服",从事。

④县:通"悬",形容时间长。

【译文】

　　"路上的普通人也可以成为大禹那样的人",为什么这样说呢? 回答是:大禹之所以是大禹,就是因为他能施行仁义法度。既然如此,那么仁

性恶

义法度就有可以让人知道、可以让人做到的道理，然而普通人都拥有懂得仁义法度的素质，都有实践仁义法度的条件，那么他可以成为大禹那样的人就是很明显的事了。现在认为仁义法度本来就没有可以懂得、可以做到的道理吗？那么即使是大禹也不懂得仁义法度的道理，也不能做到仁义法度了。认为普通人本来就没有可以懂得仁义法度的素质，本来就没有可以做到仁义法度的条件吗？如果是这样的话，那么普通人在家就不能懂得父子之间的道义，在外就不能懂得君臣之间的准则了。而事实并非如此。现在普通人在家里都懂得父子之间的道义，对外都懂得君臣之间的准则，那么由此就可见，可以懂得仁义法度的素质，可以做到仁义法度的条件，在普通人身上都具备这件事就很明显了。现在让普通的人依靠他们可以懂得的素质，可以做到的条件，按照仁义法度可以懂得的道理、可以做到的条件去做，那么他们可以成为大禹那样的人这件事就很明显了。现在让普通的人努力学习道义，专心一志地认真思考并仔细考察，天长日久地累积善行而不停下来，就会达到"神明"的境界，和天地相匹配了。所以圣人，是人们积累符合仁义法度的善行而达到的。有人说："圣人可以积累符合仁义法度的善行而达到，但是人们都不能积累善行，这是什么原因呢？"回答说：人们可以做到积累却不可以强迫他们去积累。所以小人可以成为君子但他们不肯成为君子，君子可以变成小人但是他们不肯变成小人。小人和君子之间，未尝不可以相互转化，然而他们并没有相互转化，这是因为这件事可以做到却不能勉强他们去做。所以说普通的人可以成为大禹那样的人是对的，普通人都成为大禹那样的人，就不一定对了。即使不能成为大禹那样的人，也不妨碍可以成为大禹那样的人。人的脚可以走遍天下，然而未尝有走遍天下的人。工匠、农民和商人之间，未尝不可以互相调换着做事，然而不曾有谁能够互相调换着做事。由此可见，可以做到的，未必一定能做到；即使不能做到，也不妨碍可以做到。那么在能不能做到与可以不可以做到之间，它们的区别是很大的，它们不可以互相调换这件事也就很明显了。

尧问于舜曰："人情何如？"舜对曰："人情甚不美，又何问焉？

妻子具而孝衰于亲，嗜欲得而信衰于友，爵禄盈而忠衰于君。人之情乎！人之情乎！甚不美，又何问焉？”唯贤者为不然。有圣人知之者，有士君子之知者，有小人之知者，有役夫之知者。多言则文而类，终日议其所以，言之千举万变，其统类一也，是圣人之知也。少言则径而省，论而法①，若佚之以绳②，是士君子之知也。其言也谵③，其行也悖，其举事多悔④，是小人之知也。齐给便敏而无类，杂能旁魄而无用⑤，析速粹孰而不急⑥，不恤是非，不论曲直，以期胜人为意，是役夫之知也。有上勇者，有中勇者，有下勇者。天下有中，敢直其身；先王有道，敢行其意；上不循于乱世之君，下不俗于乱世之民；仁之所在无贫穷，仁之所亡无富贵；天下知之，则欲与天下同苦乐之；天下不知之，则傀然独立天地之间而不畏，是上勇也。礼恭而意俭，大齐信焉而轻货财，贤者敢推而尚之，不肖者敢援而废之，是中勇也。轻身而重货，恬祸而广解⑦，苟免，不恤是非、然不然之情，以期胜人为意，是下勇也。

【注释】

① 论：通“伦”，条理。

② 佚：秩序。

③ 谵（tāo）：荒诞。

④ 悔：过错，咎。

⑤ 旁魄：通“磅礴”，广泛。

⑥ 粹：通“萃”，聚集。一说指熟练。

⑦ 恬：安于。

【译文】

尧向舜问道：“人情怎么样？”舜回答说：“人情很不好，又何必要问呢？人们一旦有了妻子儿女，那么对父母的孝顺就减少了，嗜好欲望得到了满足，那么对朋友的信用就减少了，得到高官厚禄，那么对君主的忠诚就减少了。人情啊！人情啊！很不好，又何必问呢？”只有德才兼备的人不是如此。世界上有圣人的智慧，有士君子的智慧，有小人的智慧，有

性恶

劳役者的智慧。言论多，既条理清晰有文采又符合礼法，终日谈论的都是他的主张的理由，虽然说得千变万化，但原则始终如一，这就是圣人的智慧。言论少，直接而简约，既有条理又合法度，就像用绳墨矫正过一样，这就是士君子的智慧。说话荒诞不经，行为违背常理，做事常出错，这是小人的智慧。能说会道、行为敏捷但是不符合法度，技能杂多、见识广博却不实用，分析迅速、言辞熟练而不合急用，不顾是非、曲直，把超过别人作为目的，这是劳役者的智慧。世界上有上等的勇敢，有中等的勇敢，有下等的勇敢。天下有正道时，敢于挺身而出；先王有正道时，敢于忠诚地实行它；对上不顺从混乱时代的国君，对下不和混乱时代的百姓同流合污；在仁存在的地方就无所谓贫穷，在仁不存在的地方就无所谓富贵；天下人懂得自己，就与天下人同甘苦共患难；天下人不懂得自己，就巍然独立于天地之间而无所畏惧，这是上等的勇敢。外表礼貌恭敬而内心谦虚退让，注重信用而轻视财货珍宝，对于贤人敢于举荐他处于上位，对于不贤的人敢于将他拉下来废黜他，这是中等的勇敢。轻视生命而重视财货珍宝，习惯于闯祸而又多方解脱，逃脱罪责，不顾是与非、对错的实际，以超过别人为乐，这是下等的勇敢。

繁弱、钜黍[①]，古之良弓也，然而不得排㯳则不能自正[②]。桓公之葱[③]，太公之阙，文王之录，庄君之曶，阖闾之干将、莫邪、钜阙、辟闾[④]，此皆古之良剑也，然而不加砥厉则不能利，不得人力则不能断。骅骝、骐骥、纤离、绿耳[⑤]，此皆古之良马也，然而前必有衔辔之制，后有鞭策之威，加之以造父之驭，然后一日而致千里也。夫人虽有性质美而心辩知，必将求贤师而事之，择良友而友之。得贤师而事之，则所闻者尧、舜、禹、汤之道也；得良友而友之，则所见者忠信敬让之行也。身日进于仁义而不自知也者，靡使然也[⑥]。今与不善人处，则所闻者欺诬诈伪也，所见者污漫、淫邪、贪利之行也，身且加于刑戮而不自知者，靡使然也。传曰："不知其子视其友，不知其君视其左右。"靡而已矣，靡而已矣。

① 繁弱、钜黍：都是古代良弓名。

② 排檠(qíng)：矫正弓弩的工具。

③ 蔥：齐桓公的良剑名。以下"阙""录""智"(hū)，均为古代的宝剑名。

④ 干将、莫邪、钜阙、辟间：都是吴王阖间的宝剑名。

⑤ 骅骝、骐骥、纤离、绿耳：都是古代宝马良驹。

⑥ 靡：通"摩"，模仿，这里引申为影响。

【译文】

繁弱、钜黍，都是古代的良弓，但是如果没有矫正工具排檠，它们也不能自己端正自己。齐桓公的蔥，姜太公的阙，周文王的录，楚庄王的智，阖间的干将、莫邪、钜阙、辟间，这些都是古代的宝剑，但是如果不加以磨砺也就不会锋利，不借助人的力量也不能斩断东西。骅骝、骐骥、纤离、绿耳，这些都是古代的宝马良驹，但是它们的前面必定要有马嚼子、马辔头的控制，后面必定要有鞭子的威胁，加上造父的驾驭，然后才能日行千里。人即使有良好的素质和辨别理解的能力，也必然要寻求并侍奉德才兼备的老师，选择品德优秀的朋友与他们交往。得到德才兼备的老师并侍奉他，那么听到的就是尧、舜、禹、汤等前代圣王的正道；得到品德优秀的朋友并和他们交往，那么看到的就是忠诚、讲信、恭敬、谦让等美好的行为。这样自己一天天地进入仁义中也不知不觉，这就是潜移默化使他这样的。现在与品德不好的人相处，那么听到的都是欺瞒、诬陷、诈骗、虚伪的事物，看到的都是污秽肮脏、淫荡邪恶、贪图私利的行为，自己将要受到刑罚杀戮还不知不觉，这也是潜移默化使他这样的。古书上说："不了解自己的儿子，那么看看他的朋友就知道了，不了解君主，那么看看他的左右近臣就知道了。"这就是潜移默化啊，这就是潜移默化啊！

性恶

君子

　　天子无妻①,告人无匹也②。四海之内无客礼,告无适也③。足能行,待相者然后进④;口能言,待官人然后诏⑤。不视而见,不听而聪,不言而信,不虑而知,不动而功,告至备也。天子也者,势至重,形至佚,心至愉⑥,志无所诎,形无所劳,尊无上矣。《诗》曰:"普天之下,莫非王土;率土之滨,莫非王臣。"⑦此之谓也。

【注释】

①妻:妻者齐也,但天子是至高无上的不能有人与他平齐,故天子之妻称为"后",所以说"天子无妻"。

②告:说。

③适:往。天子以天下为家,无论在哪里都谈不上做客,所以说"无适"。

④相者:即傧相,赞礼的人。

⑤官人:传达天子命令的官吏。

⑥愉:通"愉",愉快。

⑦率:遵循。滨:水边。

【译文】

　　天子没有妻子,这句话是说没有人能和他地位相等。天子在四海之内没有人会用接待客人的礼节对待他,这句话是说天子以四海为家不存在外出做客的情况。天子的脚能走路,但一定要依靠礼官才能向前走;天子的嘴能说话,但一定要依靠传达命令的官吏才下旨。天子不用自己的眼睛也能看得见,不用自己的耳朵也能听得见,不用自己说话也可以获得信用,不用自己思考就有智慧,不用亲自行动就能取得功效,这是在说天子的官员非常完备。天子,权势最重,身体最安逸,心情最愉快,意志不会屈服,身体没有劳累,地位至尊无上。《诗经》中说:"凡是苍天覆盖的地方,没有不是天子的土地的;凡是大陆所在的地方,没人不是天子的臣民。"说的就是这个意思。

圣王在上,分义行乎下,则士大夫无流淫之行,百吏官人无怠慢之事,众庶百姓无奸怪之俗,无盗贼之罪,莫敢犯大上之禁①,天下晓然皆知夫盗窃之人不可以为富也,皆知夫贼害之人不可以为寿也,皆知夫犯上之禁不可以为安也。由其道,则人得其所好焉;不由其道,则必遇其所恶焉。是故刑罚綦省而威行如流。世晓然皆知夫为奸则虽隐窜逃亡之由不足以免也,故莫不服罪而请。《书》云:"凡人自得罪。"此之谓也。

【注释】

① 学者俞樾认为本句当为"莫敢犯上之大禁"。

【译文】

圣明的君王在上面,名分、道义推行到下面,那么士大夫就不会有放肆过分的行为,各级官吏就不会有怠惰傲慢的事情,普通百姓就不会有邪恶怪诞的习俗,不会有偷盗抢劫的罪行,不会有人敢于冒犯君主的禁令,天下人都明确地知道偷盗抢劫不可能变得富裕,都知道残害别人的人不可能安享长寿,都知道违犯君主的禁令不可能得到安宁。遵行正道,那么人们就能得到他所喜欢的东西;不遵行正道,那么就必定遭遇他所厌恶的对待。所以圣明君王的刑罚极其简省而威力却如同流水一样流传不息。世人都明白地知道那些作奸犯科的即使潜伏逃窜也不能免于刑罚,所以没有人不自行认罪服法而请求惩处的。《尚书》中说:"每个人都自愿得到惩处。"说的就是这种情况。

故刑当罪则威,不当罪则侮;爵当贤则贵,不当贤则贱。古者刑不过罪,爵不逾德①,故杀其父而臣其子,杀其兄而臣其弟。刑

罚不怒罪 ②，爵赏不逾德，分然各以其诚通。是以为善者劝，为不善者沮 ③，刑罚綦省而威行如流，政令致明，而化易如神。传曰："一人有庆，兆民赖之 ④。"此之谓也。乱世则不然：刑罚怒罪，爵赏逾德，以族论罪，以世举贤。故一人有罪而三族皆夷，德虽如舜，不免刑均，是以族论罪也。先祖当贤 ⑤，后子孙必显，行虽如桀、纣，列从必尊，此以世举贤也。以族论罪，以世举贤，虽欲无乱，得乎哉？《诗》曰："百川沸腾，山冢崒崩，高岸为谷，深谷为陵。哀今之人，胡憯莫惩！" ⑥ 此之谓也。

【注释】

① 逾：超过。

② 怒：超过。

③ 沮（jǔ）：阻止。

④ 兆：数量单位，十亿为一兆。

⑤ 当：通"尝"，曾经。

⑥ 冢：山顶。崒（cuì）：通"碎"。憯（cǎn）：乃，语助词。

【译文】

所以如果惩处与罪行相称法律就有威力，与罪行不相称法律就会受到轻侮；爵位与德才相称官员就能得到尊重，与德才不相称就会受到鄙薄。古时一个人所受的刑罚不会超过他的罪行，被授予的爵位不会超过他的德行，所以君主能够杀死父亲而让他的儿子做大臣，杀死哥哥而让他的弟弟做大臣。施加刑罚不超过所犯罪行，赏赐爵位不超过所具有的才德，按照各自的实际情况区分和执行得清清楚楚。因此做好事的人得到奖励，做坏事的人受到阻止，圣明君王的刑罚极其简省而威力如同流水一样流传不息，政令极其圣明，而百姓的教化和转变有如神助。古书上说："一个人有德行，亿万民众都会仰赖他。"说的就是这个道理。混乱的时代就不如此：施加的刑罚超过所犯的罪行，授予的爵位和赏赐超过了所具备的才德，按照亲属关系来论处罪行，根据家世谱系来举用"贤人"。所以一个人犯了罪而三族人都遭到诛灭，即使有人道德如同尧舜，

荀子

178

也不免受到同样的惩罚，这就是按照亲属关系来论处罪行的结果。祖先曾经德才兼备，他的后世子孙就必定势位显达，即使行为如同桀、纣一样，他的地位也必然尊贵，这就是根据家世谱系来举用"贤人"的结果。按照亲属关系来论处罪行，根据家世谱系来举用贤人，即使不想引起祸乱，做得到吗？《诗经》中说："江河沸腾，高山崩塌，高高的山崖变成深陷的山谷，深深的山谷变成高高的山岭。哀叹如今的人啊，怎么竟然还不警醒！"讲的就是这种情况。

　　论法圣王，则知所贵矣；以义制事，则知所利矣。论知所贵，则知所养矣；事知所利，则动知所出矣。二者，是非之本，得失之原也。故成王之于周公也，无所往而不听，知所贵也。桓公之于管仲也，国事无所往而不用，知所利也。吴有伍子胥而不能用，国至于亡，倍道失贤也。故尊圣者王，贵贤者霸，敬贤者存，慢贤者亡，古今一也。故尚贤使能，等贵贱，分亲疏，序长幼，此先王之道也。故尚贤使能，则主尊下安；贵贱有等，则令行而不流[1]；亲疏有分，则施行而不悖；长幼有序，则事业捷成而有所休。故仁者，仁此者也；义者，分此者也；节者，死生此者也；忠者，惇慎此者也[2]。兼此而能之，备矣。备而不矜，一自善也，谓之圣。不矜矣，夫故天下不与争能而致善用其功。有而不有也，夫故为天下贵矣。《诗》曰："淑人君子，其仪不忒；其仪不忒，正是四国。"此之谓也。

【注释】

① 流：通"留"，停止。

② 惇（dūn）慎：敦厚真诚。慎，真诚。

【译文】

　　议论效法圣明的君王，就能懂得什么是尊贵的；以道义为准则来处理政事，就能懂得什么是有利的。议论时懂得什么是尊贵的，就能懂得什么是应该吸取的；处理政事时懂得什么是有利的，就懂得应该从什么地方着手了。这两方面，是行事正确与错误的根本原因，是成功与失败

君子

的本源。所以周成王对于周公，没有一件事情不听从周公的意见，就是因为他懂得什么是尊贵的。齐桓公对于管仲，处理军国大事没有什么地方不任用他，就是因为他懂得什么是有利的。吴国虽然有伍子胥而不能得到任用，以致国家覆亡，这是因为背离了正道而失去了贤人的缘故。所以尊重圣人的君主就可以称王于天下，重视贤人的君主就可以称霸于诸侯，礼敬贤人的君主就能维持存在，怠慢贤人的君主就只能灭亡，无论古今道理是一样的。所以推重贤能任用能人，使贵贱有等级的区分，分别亲近的和疏远的，年长的和年幼的秩序不乱，这就是先代圣王的治国大道。因此推重贤能任用能人，那么君主就会地位尊贵、臣民就能生活安定；贵贱有等级的区分，那么政令就会畅行无阻；区别亲近的和疏远的，那么施行的恩惠就不会背离事理；年长的和年幼的有秩序，那么事业就能迅速取得成功而有休息的时间。所以所谓的仁，就是喜欢它们；所谓的道义，就是区分清楚它们；所谓的节操，就是可以为它们而生、为它们而死；所谓忠诚，就是忠厚真挚地遵行它们。这些都能做到了，德行也就完备了。德行完备而又不向人炫耀，这一切都是为了完善自己的德行，就可以称作是圣人。不向人炫耀，所以天下人都不和他争能，因而他能很好地发挥影响。有功劳而不自以为有功劳，所以天下的人都尊重他。《诗经》中说："那善良的君子，他的言行都没有过错；他的言行都没有过错，可以治理四方的国家。"说的就是这种情况。

赋

爰有大物^①,非丝非帛,文理成章。非日非月,为天下明。生者以寿,死者以葬,城郭以固,三军以强。粹而王,驳而伯^②,无一焉而亡。臣愚不识,敢请之王。王曰:此夫文而不采者与? 简然易知而致有理者与? 君子所敬而小人所不者与^③? 性不得则若禽兽,性得之则甚雅似者与? 匹夫隆之则为圣人,诸侯隆之则一四海者与? 致明而约,甚顺而体,请归之礼。

【注释】

① 爰:于,在这里。

② 伯:通"霸",称霸。

③ 不:通"否",否定。

【译文】

这里有个重要的东西,既不是丝也不是帛,但是它的纹理斐然成章。既不是太阳也不是月亮,但是它能给天下带来光明。活着的人因为它而长寿,死去的人因为它得以安葬,城郭因为它得以巩固,军队因为它得以强大。完全遵从它的要求行事就可以称王,不完全遵从它的要求行事也可以称霸,完全不遵照它的要求行事就会灭亡。我很愚昧而不了解它,就大胆地向君主请教。君主回答说:这件东西有文饰而又不华丽吗? 简明易懂而非常有条理吗? 君子尊敬它而小人却否定它吗? 人性得不到它就如同禽兽,人性得到它就变得品行非常端正吗? 普通人尊崇它就能成为圣人,诸侯崇尚它就能一统天下吗? 它极其明白而简单,极其有条理而又得体,就把它归结为礼吧。

皇天隆物①,以示下民⑦,或厚或薄,帝不齐均③。桀、纣以乱,汤、武以贤。涽涽淑淑④,皇皇穆穆⑤,周流四海,曾不崇日⑥。君子以修,跖以穿室。大参乎天,精微而无形。行义以正,事业以成。可以禁暴足穷,百姓待之而后宁泰⑦。臣愚不识,愿问其名。曰:此夫安宽平而危险隘者邪? 修洁之为亲而杂污之为狄者邪⑧? 甚深藏而外胜敌者邪? 法禹、舜而能弇迹者邪⑨? 行为动静,待之而后适者邪? 血气之精也,志意之荣也,百姓待之而后宁也,天下待之而后平也,明达纯粹而无疵也,夫是之谓君子之知。

【注释】

①隆:通"降",降下。

②示:学者王念孙认为当为"施",给予。

③帝:学者王念孙人认为当为"常",常常。

④涽涽(hūn):形容水混浊的样子。淑淑:形容水很清的样子。

⑤皇皇:盛大的样子。穆穆:细微的样子。

⑥崇:通"终"。

⑦宁泰:学者杨倞认为当为"泰宁"。

⑧狄:通"逖",远。

⑨弇(yǎn):沿袭。

【译文】

上天降下一种东西,给予天下的百姓,有人得到的丰厚、有人得到的微薄,往往不平均。夏桀、商纣因它而昏乱,商汤、周武王因它而贤能。或混沌或清明,或广大或细微,它周行天下,竟然才用了不到一天的时间。士人君子用它来修养身心,强盗窃贼用它来穿墙入室行窃。它的高大和天空一样,精微又没有形状。德行道义因它而端正,事业因它而取得成功。它可以用来禁止暴行,使穷人富足,依靠它然后百姓才能安享太平。我因愚昧而不了解它,希望能问到它的名称。回答说:它使宽容平和的人安全而使阴险褊狭的人遭遇危险吗? 它亲近洁身自好的人而疏远杂乱肮脏的人吗? 它被深藏在心中而对外能战胜敌人吗? 它可以让人效法禹、舜而能沿袭他们的正道前行吗？要依靠它然后一举一动才能恰当吗？它是气血的精华，是思想的菁华，要依靠它然后百姓才能享受安宁，要依靠它然后天下才能太平，它明白通达、纯粹而毫无瑕疵，这就叫作君子的智慧。

有物于此，居则周静致下，动则綦高以钜^①。圆者中规，方者中矩。大参天地，德厚尧、禹。精微乎毫毛，而大盈乎大寓^②。忽兮其极之远也，攭兮其相逐而反也^③，卬卬兮天下之咸蹇也^④。德厚而不捐，五采备而成文。往来惛惫，通于大神，出入其极，莫知其门。天下失之则灭，得之则存。弟子不敏，此之愿陈，君子设辞，请测意之。曰：此夫大而不塞者与？充盈大宇而不窕^⑤，入郄穴而不逼者与^⑥？行远疾速而不可托讯者与？往来惛惫而不可为固塞者与？暴至杀伤而不亿忌者与^⑦？功被天下而不私置者与^⑧？托地而游宇，友风而子雨。冬日作寒，夏日作暑。广大精神，请归之云。

【注释】

① 钜：巨大。

② 大：学者王念孙认为当为"充"字，充盈。寓（yǔ）：宇，空间。

③ 攭（lì）：回旋的样子。

④ 卬卬（áng）：通"昂昂"，高高的样子。蹇：通"攓"（qiān），取得、得到。

⑤ 不窕（tiǎo）：没有间隙。窕，空隙。

⑥ 郄：通"隙"，缝隙。

⑦ 亿：通"意"，迟疑。

⑧ 置：通"德"。

【译文】

在这里有种东西，静止时就安静地弥漫在地面，活动时就高高在上而且广大无边。圆的符合圆规的标准，方的符合曲尺的标准。它广大得可以和天地相并列，道德比尧、禹还要敦厚。它小的时候可以比毫毛还

赋

微小，大的时候可以充盈于整个空间。它能迅速地达到远方，相互追逐回旋往返，它高高在上使天下都得到滋润。它道德深厚而不会抛下一个人，五种彩色齐备而成为美丽的花纹。它往来隐蔽，变幻莫测如同神明，出入迅捷，没有人知道它往来的门户。失去它天下就会灭亡，得到了它就能生存。我不聪明，愿意把它给您陈述出来，君子设置这些隐辞，请您猜一猜它的名字。回答说：它广大而不会被堵塞吗？能充盈整个空间而不会留下空隙，能进入狭小的隙穴而不觉得狭窄吗？它行得远跑得快而又不能帮人带口信吗？它来往隐蔽而不能被固定或者堵塞吗？它能突然而至杀伤万物而毫不迟疑无所顾忌吗？它的功德覆盖天下而又不自以为有德吗？它依托大地而在空间游荡，把风作为朋友，把雨作为子女。让冬日寒冷，夏天炎热。它广大无边而又有如神明，那么就把它归结为云吧。

有物于此，儵儵兮其状①，屡化如神。功被天下，为万世文。礼乐以成，贵贱以分。养老长幼，待之而后存。名号不美，与暴为邻。功立而身废，事成而家败。弃其耆老②，收其后世。人属所利③，飞鸟所害。臣愚而不识，请占之五泰④。五泰占之曰：此夫身女好而头马首者与⑤？屡化而不寿者与？善壮而拙老者与？有父母而无牝牡者与？冬伏而夏游，食桑而吐丝，前乱而后治，夏生而恶暑，喜湿而恶雨。蛹以为母，蛾以为父。三俯三起，事乃大已。夫是之谓蚕理。

【注释】

① 儵儵(luǒ)：通"倮倮"，没有羽、毛的样子。

② 耆老：老年人，这里指蚕蛾，是相对蚕蛹而言。

③ 人属：人类。

④ 五泰：神巫的名字。

⑤ 女好：柔婉。头马首：头像马头。

荀子

【译文】

在这里有种东西，它的身上没有羽毛，屡次变化奇妙如神，它的功劳覆盖天下，成为千秋万代的装饰。靠它礼乐才得以完成，靠它贵贱才得以区分。要依靠它来奉养老人和抚育儿童。它的名字却不好听，和暴相邻近。它建立功劳而自身却被废弃，它的事业成功而家庭却遭到毁灭。它的老一代被抛却，后一代被收留。它能为人类所利用，也能被鸟类所伤害。我因为愚昧而不认识它，请让五泰来占卜。五泰占卜说：它的身体柔软而头像是马的头吗？它屡次变化而寿命不长吗？它在壮年时被善待而在年老时被抛弃吗？它有父母而不分雌雄吗？它在冬天蛰伏而在夏天活动，吃桑叶而吐出细丝，前面杂乱无章而后面却很有条理，在夏天生长却讨厌酷暑，喜欢潮湿的环境却厌恶雨淋。把蛹当作是母亲，把蛾当成是父亲。三次睡眠而又三次睡醒，才算大功告成。这就是蚕的道理。

有物于此，生于山阜①，处于室堂。无知无巧，善治衣裳。不盗不窃，穿窬而行②。日夜合离，以成文章。以能合从，又善连衡。下覆百姓，上饰帝王。功业甚博，不见贤良。时用则存，不用则亡。臣愚不识，敢请之王。王曰：此夫始生钜，其成功小者邪？长其尾而锐其剽者邪③？头铦达而尾赵缭者邪④？一往一来，结尾以为事。无羽无翼，反复甚极。尾生而事起，尾邅而事已⑤。簪以为父，管以为母。既以缝表，又以连里。夫是之谓箴理。

【注释】

① 山阜：山冈。针由铁加工而成，铁由铁矿石加工而成，铁矿石在山中，所以说"生于山阜"。

② 窬（yú）：洞。

③ 剽（biǎo）：末，指针尖。

④ 铦（xiān）达：锐利。赵（diào）缭：很长的样子。赵，通"掉"。

⑤ 邅（zhān）：回旋，这里指打结。

在这里有一种东西,它生长在山冈中,被放置在屋子里。它虽然没有智慧和技巧,却善于缝制衣服。它既不偷盗也不行窃,但却要穿洞而行。它日夜忙于使分离的东西合在一起,从而制成各种花纹图案。它既可以纵向联结,也可以横向相连。它对下能覆育百姓,对上能装饰帝王。功劳和业绩非常博大,却不炫耀自己的贤良。用它时它就出现,不用它时它就隐藏起来。我因为愚昧而不认识它,大胆地向君主请教。君主回答说:开始制作它时很大,制成之后很小吗?它是尾巴很长而末端很锐利吗?它的头部很锐利而尾部很细长吗?它一来一去地活动,在尾部打结才开始。它没有羽毛也没有翅膀,但往返来回很迅速。它在有了尾巴之后就开始工作,尾部盘圈打结之后就结束工作了。它以籍为父亲,以管为母亲。它既可以缝合外表,也可以缝制衣里。这就是关于针的道理。

天下不治,请陈佹诗①:天地易位,四时易乡②。列星殒坠③,旦暮晦盲。幽晦登昭,日月下藏。公正无私,反见纵横;志爱公利,重楼疏堂;无私罪人,憼革贰兵④。道德纯备,谗口将将⑤。仁人绌约,敖暴擅强。天下幽险,恐失世英。螭龙为蝘蜓⑥,鸱枭为凤皇⑦。比干见刳,孔子拘匡。昭昭乎其知之明也,郁郁乎其遇时之不祥也,拂乎其欲礼义之大行也⑧,暗乎天下之晦盲也。皓天不复,忧无疆也。千岁必反,古之常也。弟子勉学,天不忘也。圣人共手⑨,时几将矣。与愚以疑,愿闻反辞。其小歌曰:念彼远方,何其塞矣。仁人绌约,暴人衍矣。忠臣危殆,谗人服矣。琁、玉、瑶、珠⑩,不知佩也。杂布与锦,不知异也。闾娵、子奢⑪,莫之媒也。嫫母、力父⑫,是之喜也。以盲为明,以聋为聪;以危为安,以吉为凶。鸣呼上天,曷维其同!

【注释】

① 佹(guǐ)诗:奇异激愤的诗。佹,奇异。

② 乡:通"向",方向。

③ 殒：通"陨"，陨落。

④ 憼(jǐng)：通"儆"，警醒。贰：学者王念孙认为当为"戒"，戒备。

⑤ 将将(qiāng)：通"锵锵"，吵嚷的样子。

⑥ 螭(chī)：古代传说中的一种没有角的龙。蝘蜓(yǎn tíng)：壁虎。

⑦ 鸱枭(chī xiāo)：指猫头鹰。

⑧ "郁郁乎"两句：当作"拂乎其遇时之不祥也，郁郁乎其欲礼义之大行也"。拂，违背、违反。郁郁，形容有文采的样子。

⑨ 共：通"拱"，拱手。

⑩ 琁(xuán)：通"璇"，一种似玉的美石。瑶：美玉。

⑪ 闾娵(jū)：战国时魏国的美女。子奢：即子都，春秋时郑国的美男子。

⑫ 嫫母：传说是黄帝时的丑女。力父：不详，根据文义推测应当是丑男子。

【译文】

如今天下不安定，请让我陈述怪异激愤的诗：天地的位置改变了，四时的方向颠倒了。天上的星星都陨落了，白天和晚上都晦暗不明。内心阴暗的小人登上了显赫的高位，像日月一样光明的君子却不被任用而要退藏。内心正直无私，反被污蔑成是反复无常；一心为公益，反而被污蔑成是索要高楼大堂；不因私人俺方圆而加罪别人，却被当作是敌人来严防。道德纯洁而又完备，却横遭谗人的诽谤诬陷。有仁德的人被罢免去遭受穷困，骄横残暴的人却到处逞强。天下黑暗而又凶险，时代的英杰恐怕是要失掉了。蛟龙被当作是壁虎，猫头鹰被看作是凤凰。比干被剖腹挖心，孔子被拘困在匡。他们的智慧是多么的聪明光亮啊，遭遇到了不祥的时代是多么郁闷啊，他们想把光辉灿烂的礼义推广到天下，但遭遇到的是黑暗的天下。光明的苍天一去不复返，他们的忧思无边无沿。日久必返、乱久必治，古代的常理就是如此。弟子们勤勉努力吧，上天不会遗忘你们的。圣人正在拱手等待时机，乱极必反的时刻就要来到。我因为愚昧心存疑惑，愿意听到反复地陈说。短歌中唱道：心中想到那遥远的地方，是多么的闭塞啊。有仁德的人被罢免而忍受穷困，而残暴的人却自由自在。忠诚的臣子遭遇危险,进谗言的小人却受到重用。不知佩戴美玉和珠宝。粗布和锦帛混杂在一起,也不知道如何分别。俊美如闾娵、子都,都没有人为他们做媒。丑陋如嫫母、力父,却为人所喜爱。把盲人说成是视力好,把聋人说成是听力好;把危险说成是安全,把吉祥当作是凶险。呜呼苍天,我怎么能和他们同道呢!

荀
子